新时期市场营销战略与管理创新研究

杜军燕　著

北京工业大学出版社

图书在版编目（CIP）数据

新时期市场营销战略与管理创新研究 / 杜军燕著
. — 北京：北京工业大学出版社，2019.11（2021.5 重印）
ISBN 978-7-5639-6996-8

Ⅰ．①新… Ⅱ．①杜… Ⅲ．①市场营销学－创新管理
－研究 Ⅳ．①F713.50

中国版本图书馆 CIP 数据核字（2019）第 225655 号

新时期市场营销战略与管理创新研究

著　　者：杜军燕
责任编辑：张　贤
封面设计：点墨轩阁
出版发行：北京工业大学出版社
　　　　　（北京市朝阳区平乐园 100 号　邮编：100124）
　　　　　010-67391722（传真）　bgdcbs@sina.com
经销单位：全国各地新华书店
承印单位：三河市明华印务有限公司
开　　本：710 毫米 ×1000 毫米　1/16
印　　张：11
字　　数：220 千字
版　　次：2019 年 11 月第 1 版
印　　次：2021 年 5 月第 2 次印刷
标准书号：ISBN 978-7-5639-6996-8
定　　价：48.00 元

前　言

　　基础市场营销包含两个重要分支,一是市场营销战略,二是市场营销管理。这两个分支既是市场营销的延伸,又是市场营销的扩展。企业在面对行销和竞争两个基本任务时,应当如何采取有效的策略和方法使企业能够持续发展和永续经营,是市场营销战略与管理研究的主要内容。市场营销是建立在哲学、经济学、数学、行为科学以及现代管理理论基础之上的现代管理应用学科。它不仅为培养未来高素质的市场营销人才提供了科学的理论武器,还为当今从事国际营销的人员提供了科学的指导。

　　本书第一章为绪论,主要阐述了市场营销的核心概念及其观念演变、市场营销战略的内涵与特点、市场营销战略的意义与分类;第二章为市场营销现状与发展态势,主要阐述了我国企业的发展概况、我国企业市场营销发展现状、我国企业市场营销面临的问题、我国企业市场营销的态势分析;第三章为市场营销战略规划与管理,主要阐述了市场营销的战略规划和市场营销的战略管理;第四章为新时期消费者市场及其行为分析,主要阐述了消费者市场、消费者购买行为类型与购买模式、影响消费者购买行为的主要因素以及消费者的购买行为与决策;第五章为新时期市场营销战略与管理创新研究,主要阐述了政府营销、服务市场营销、国际市场营销;第六章为新时期市场营销手段的创新,主要阐述了网络营销、绿色营销、知识营销、关系营销、全球营销、文化营销、口碑营销;第七章为新时期市场营销策略的管理与创新,主要阐述了以创新为导向的营销策略、以出口扩大市场为导向的营销策略和以海外投资规避贸易壁垒为导向的营销策略;第八章为新时期市场营销策略规划的创新与应用,主要阐述了传统金融市场的战略规划、互联网金融市场的营销战略规划、中国物流国际化市场的营销战略规划,以及基于营销的企业核心竞争力战略构造。

　　本书共八章,约 20 万字,由山东理工大学杜军燕撰写。作者杜军燕(1974年—),女(汉族),山东威海人,毕业于山东大学管理学院,先后获经济学学士学位、管理学硕士学位。曾于浙江大学管理学院研修学习。现为山东理工大学管理学院讲师，市场营销系主任。主要从事"市场营销学""消费者行为学""营销技巧""商品学""商务谈判"等课程的教学与研究工作。主持参与省部级课题多项，在各类刊物发表学术论文20余篇。曾获"山东理工大学优秀教师""山东理工大学教学优秀奖"等多项荣誉称号。

　　为了确保研究内容的丰富性和多样性，作者在写作过程中参考了大量理论与研究文献，在此向涉及的专家学者表示衷心的感谢。最后，限于作者水平不足，加之时间仓促，本书难免存在一些疏漏，在此，恳请同行专家和读者朋友批评指正！

目　录

第一章　绪　论

市场营销活动存在于我们生活的方方面面。我们使用的各种产品都是营销的对象，甚至学校、医院、政府机构和其他组织也是营销的主体。我们每天看到的广告、各种抽奖和打折活动都是营销活动的一部分。可以说，营销活动无处不在，我们几乎每时每刻都受到营销的影响。营销者通过实施有效的营销手段销售商品，塑造企业形象，从而促进企业的发展。本章共分为市场营销的核心概念及其观念演变、市场营销战略的内涵与特点、市场营销战略的意义与分类三部分。

第一节　市场营销的核心概念及其观念演变

一、市场相关概念

最早的市场可以说是一个场所，一个买方和卖方进行货物交换的聚集场所，如乡村的集市。可以说，市场几乎时刻存在于我们的生活周围，是商品或服务的交易场所。但在营销者看来，市场则是卖方组成行业，买方构成市场。在市场营销中，市场是由所有具有特定需求和欲望，并愿意和能够以交换来满足这些需求或欲望的潜在客户构成的。其中，人口、人口购买欲望、人口购买能力是构成市场的主要因素。

有人的地方才有消费，这一点毋庸置疑。有了消费便有了对消费品的各种需求，也正是有了对消费品的各种需求，才有了对工业的需求。目前有不少世界知名品牌跨国公司驻扎到我国市场，因为我国是一个拥有 14 亿人口的泱泱大国，他们正是看到了我国消费潜力的巨大，才会驻扎于此。

当然，人口仅仅是市场的基础之一，如果没有购买欲望以及购买力，市场也不会形成。我们通常将购买商品的动机和要求视为购买欲望。购买欲望是潜在购买需求向实际购买行为转化的重要前提条件。在日常生活中，人们的购买欲望常常被各种因素所影响，其中，价格可谓对人们购买欲望造成影响最大的一个重要因素。通常价格越高，人们的购买欲望就会越低；价格越低，人们的购买欲望则会越强。为此，大多数企业都通过降低价格、折扣以及优惠等手段来刺激消费者的购买需求，从而使消费者的购物欲望得到提高，最终实现产品销售的预期目标。相关调查数据显示，这种营销手段的确能够激起消费者的购买欲望。

那么，何为购买力呢？我们通常将人们购买商品时的倾向支付能力称为"购买力"。只有具备了购买力的需求，才能形成市场。例如，中国汽车市场目前还不够发达，距欧美国家的销售还有一定差距。但这并不意味着中国消费者不想购买汽车，而是部分消费者没有购买能力。其中，影响购买力的主要因素是收入。毫无疑问，收入越高，购买力就会越大。

以上这三个要素是构成市场的基本要素，只有具备了这三大要素才能成为一个现实有效的市场。有时候对一个市场的判断还与个人的能动性有关，营销者需要能动地对一个市场进行研究。

由于每位顾客的购买目的以及购买用途有所区别，因此，市场可以细分为两个部分。一部分是消费者市场，一部分是组织市场。

①消费者市场。我们通常将家庭或是个人为了生活消费而购买的服务和产品的市场称为消费者产物。生活消费是产品和服务沟通的终点，因而消费者市场也被称为最终产品市场。消费者市场具有广泛性、分散性、复杂性、易变性、发展性、情感性、伸缩性、替代性、地区性、季节性等特点。

②组织市场。购买者以某种组织为购买单位，从而构成的市场便是组织市场。其中，生产、销售、履行组织职能是购买的目的。组织市场包括产业市场、中间商市场、非营利组织市场和政府市场。组织市场具有购买者比较少、购买数量大、供需双方关系密切、购买者的地理位置相对集中、派生需求、需求弹性小、需求波动大、专业人员采购、影响购买的人多、直接采购、互惠购买、租赁等特点。

二、市场营销相关概念

（一）什么是市场营销

简单地说，企业和消费者是参与市场经济循环过程的两个基本单位。企业在要素市场（劳动力市场资金市场、技术市场等）购买生产要素，向消费者支付工资、利息、技术转让费等；消费者在商品市场中购买商品或劳务，并且向企业支付货币；企业用销售商品或劳务所得收入，再向要素市场购买生产要素进行再生产。如此往复，构成市场经济的循环过程。如图 1-1 所示，企业经济系统。

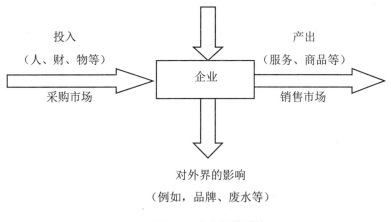

人口、经济、自然、技术、政治法律、社会文化影响

图 1-1 企业经济系统

"市场营销"译自英文 Marketing，市场营销是与市场相关的一项人类活动，是通过市场进行的、以货币为媒介的交易活动的统称。所有企业都可通过市场营销来创造及交换产品或价值，并获得企业所需。正因如此，市场营销被视为企业的基本功能。市场营销的含义不是固定不变的，它源自企业的市场营销活动和实践，因此，它也会随着企业市场营销活动和实践的发展而发展。

（二）市场营销的核心概念

营销者和预期顾客。营销者（Marketer）从被称为预期顾客（Prospect）的群体处寻求响应（态度、购买、选票、捐赠）。

需要、欲望、需求是市场营销中不可缺失的重要因素。营销者应当充分了解且明确目标市场的需要、欲望以及需求。人类的基本要求通过需要被描述出来。马斯洛（美国心理学家）根据人类的基本需要提出了"需要层次论"，如图 1-2 所示。

图 1-2　需要层次论

空气、水、食物、住所、衣服，这些都是人类所需要的。随着社会的不断进步，教育、娱乐、文化生活也逐渐成为人们的需要。"欲望"是人们通过追求某些特定目标而获得的物质或精神上的满足感，是由需要转化而成的。

得到一个汉堡包、饮料、法国烤肉是一个美国人需要食品时的欲望；得到大米、杧果、蚕豆是毛里求斯人们需要食品时的欲望。由此可见，在不同的社会中，需要的形式以及事物是有所不同的。

对某个介于购买能力范围内的具体产品所产生的欲望是需求。梅赛德斯汽车是众多人想要的一款产品，但他们中只有极少数人愿意并具有购买能力。因此，有多少人想购买本公司产品，有多少人具有购买该产品的能力，都是公司需要考虑的问题。

产品、供应品和品牌。公司需要提出一种价值观，即一系列用来满足顾客需求的利益。无形的价值观可以表现为一种供应品，即产品信息和体验的组合。品牌是一种基于被认可而形成的资产。例如，提到麦当劳这个品牌，人们就会联想到汉堡包、乐趣、孩子、快餐、金色拱门，这些就形成了品牌形象。所有公司都在为建立受消费者喜爱的品牌形象而奋斗。

交换和交易。人们可以通过四种方式获得一个产品。第一种方式是自行生产产品或服务，如打猎、捕鱼或摘水果。第二种方式是强行取得，如抢劫或盗窃。第三种方式是乞讨，如无家可归的饿汉乞讨食物。第四种方式是交换，用某些东西，如货物、服务或金钱交换他或她期望的东西。交换是营销学的核心概念。我们可以将其理解为通过提供某样东西作为回报，而从某人那里获得想要东西的一个过程。需要注意的是，在交换过程中，应当符合以下五个条件。

①交换是互相的，因此，在交换过程中至少应有两人。

②双方都应有被对方所认为的有价值的东西。

③双方都应具备沟通信息以及传递货物的能力。

④双方都具有自由接受、拒绝对方提供货物的权利。

⑤双方对此次交易都十分满意。

买卖双方的交换条件是决定能否产生交换的关键。那么，买卖双方的交换条件是什么呢？即双方进行交换后，都要比交换之前好。我们这里所说的交换，实际上被描述成了一个价值创造的过程。简言之，交换在大多数情况下会使双方变得更好。

交易是由双方之间的价值交换所构成的：A 把 X 物给 B 以换得 Y。王红给李强 4000 元钱，从而得到一台电视机，这是一种典型的货币交易。但是，在交易中并不要求把货币作为唯一的用以进行交换的价值。易货交易是双方互换产品或服务，如王红律师为李强医生写一份遗嘱，而李强为王红做一次体格检查。交易与转让不同。在转让过程中，A 把 X 物给 B，但并不接受任何实物作为回报。

一件礼物，一份补助金，或者一项慷慨的捐助，我们称它为转让，而不是交易。营销学看起来似乎只限于研究交易，而不研究转让。但是，转让行为也可以用交换的概念来解释，典型的表现是，转让者给予某人礼物，必定是出于某种期待，例如，想得到某人的感谢，或者想看到接受者有良好行为。一些以筹措资金为职业的人十分敏锐地意识到构成捐赠行为的这种互惠动机，因此尽量使这些捐赠者受惠，如寄送"谢谢您"卡片、使捐献者在杂志上扬名、特邀参加为捐款而举行的活动等。近年来，营销者拓展了营销概念的内涵，不仅包括研究交易行为，也包括研究转让行为。

关系和网络。交易营销被称为关系营销大观念的一部分。什么是关系营销？关系营销实际上是为了保持企业的长期业绩和业务，而与一些关键成员精心建立起的长期满意关系的实践。在此期间，营销者会给予顾客高质量产品、优质服务以及承诺，使关系营销得以实现。从宏观上看，关系营销是连接社会、经济、技术三方的纽带。除此之外，关系营销还能在一定程度上减少交易的成本和时间。将公司的独特资产建立起来是关系营销的最终目标，即建立一个营销网。营销网的建立能够实现整个网络之间的竞争，拥有较好关系网的公司将会获胜。营销网主要包括公司以及所有与之建立拥有相互获利关系的利益关系方。

效用、费用、满足。产品能够为消费者的需要带来多大的满足的整体评价就是效用。消费者往往将产品的效用作为该产品是否值得自己购买的参考。例如，由于某人上班地点与现住所距离较远，因此需要考虑交通问题，为了将该问题解决，他会对一切能够满足这一需求的产品进行选择组合，并在此基础上，对他所需要的组合进行较为具体的综合评价，最终选择一种能够提供最大满足的产品。但在进行选择的过程中，他可能会考虑到速度、舒适度以及价格的问题。如果他想快一点，并且让自己舒适一些，那么就会考虑购买汽车。如果他想锻炼身体并省一些钱，那么就会考虑购买自行车。如果他最终选择了购买汽车，那么他就会面临放弃用有限的收入购置其他诸多产品的境遇。所以，他会对产品的费用和效用进行衡量，最终选择购买一件效用最大的产品。

第二节　市场营销战略的内涵与特点

一、市场营销战略相关概念

"战略"一词刚开始用于军事，是指将军在战场作战的韬略和艺术。在市场经济中，商场如同战场。所以，战略一词也就广泛地应用到经济活动中。战略是相对于战役和战术而言的，战略是指在一定时期内对带动全局的方针与任务的运筹谋划，而策略是指为实现战略任务所采取的手段。战略和策略之间的关系是全局与局部、长远利益与当前利益之间的辩证统一关系。市场营销战略是指企业在不断变化和竞争激烈的环境中，努力把握机会，有效配置资源，创造竞争优势，以实现企业营销目标的行动方案，是企业战略管理的组成部分。这个概念指出了市场营销战略的基本要素，即环境、机会、威胁、优势与劣势、目标等，如图 1-3 所示。

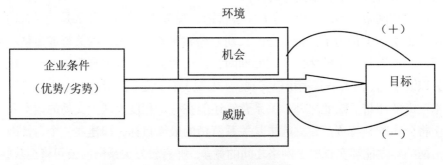

图 1-3　市场营销战略概念

我们从图 1-3 可知，企业营销战略规划的目的，就是合理配置企业资源以实现战略目标。市场营销策略中的机会对目标的实现是正效应，而威胁则是负效应。恰当地处理这些要素之间的关系，就构成了战略规划的基本框架。战略决策是由企业高层领导决策的，战略管理是企业的高层管理。

现代市场营销学认为，营销战略既是一门艺术，也是一门科学。科学的营销战略的制定，主要应依靠科学的信息资料。日本汽车企业以高超的营销战略在美国市场获得成功就是一个典型事例。因此，营销战略是制约企业生存与发展的关键因素。

二、市场营销战略的定义和本质

自 20 世纪初以来，"市场营销"概念的出现，使得市场营销战略被企业界逐渐重视起来，不仅如此，它还被广泛应用。但大多数企业的市场营销活动在 20 世纪 70 年代以前，都更加侧重于战术，市场营销活动的整体认识被该时期大多数企业所忽视。与此同时，在市场营销活动中，将统一的市场营销战略作为各项具体活动的指导这一观念也没有得到关注。直至 20 世纪 50 年代至 60 年代，市场营销战略的重要性才被西方企业渐渐注意到，至此，西方相应的理论界也开始对市场营销战略进行了更为深入的研究。时至今日，西方已经形成了一套较为成熟的市场营销战略理论。

随着市场营销战略理论的不断完善，西方企业市场营销战略升华为纲领性文件，并对企业的各项市场营销活动进行指导。毋庸置疑，西方企业的市场营销活动能够科学且有序地顺利开展是离不开市场营销战略的。同时，市场营销战略还使企业在瞬息万变的市场环境中抓住了诸多机会，并从中获取了更大的收益。

我国目前大多数企业已经对市场营销有了高度重视，他们积极地开展各种市场营销活动。但也有不少企业没有对其进行重视，只是一味地强调具体手段，而没有制定明确的战略，致使市场营销活动变得盲目和无序。其根本原因在于，这些企业没有意识到市场营销战略的重要性，同时，也没有制定科学的市场营销战略。

我们认为，在市场营销学领域中，市场营销战略指的是企业确定的营销活动在未来一定时期内要达到的目标，并确定要采取长期的全球行动计划来实现这一目标。这一定义包含以下两层含义。

①明确的战略目标。在企业的营销活动中，应在特定时期达到和实现的主要目标就是市场营销的战略目标。其中，一定数量的指标是战略目标实现的基础，如营销任务、营销销售指标、营销业绩指标等。在市场交换过程中，外部营销环境并不是固化的，因此，企业并不能控制潜在交换方和目标客户是否愿意与企业进行交换。企业应当根据自身的可利用资源和目标客户的切实需求，来制定自己的营销目标，以此来应对瞬息万变的营销环境。

②可行的战略方案。企业不仅需要确定长期的战略方案，还需要在可实现目标的诸多方案之中找出一个最为合理的方案。该方案既能给企业带来巨大收益，又能最大限度地满足消费者，同时还不会对自然资源造成破坏。

由此可见，在瞬息万变的市场中，选择正确的营销方案，通过系统的程序在特定时间和限定资源范围内，获得可持续的生存和发展竞争优势，是市场营销战略的本质。

三、市场营销战略的特点

①长期性。战略着眼于未来，要指导和影响较长时期的企业营销行为，所以，市场营销战略具有长期性。也就是说企业应该具有发展的观念，要处理好企业眼前利益和长远利益之间的关系，并使二者相互衔接、相互协调。

②指导性。市场营销战略对企业的生产经营活动尤其是市场营销活动具有指导意义，特别是对企业的各阶段营销活动的安排以及市场策划的重点方向起着重要的指导作用。一旦制定了市场营销战略，企业各部门就都要为实现这个战略而努力。

③全局性。全局最优原则，是市场营销战略的基本特征。战略总是对全局而言的，全局性要求企业必须从国家、社会公众的全局利益和长远利益出发制定营销战略；要以企业为中心，权衡时间、空间、环境、条件、趋势，使营销战略最有效地利用内外资源，使营销目标协调于环境，实现营销战略的最优化，以不断提高经济效益。营销战略中的经济效益是一个广义的概念，泛指社会经济效益、资源经济效益、环境经济效益以及企业自身经济效益的有机统一体。企业要兼顾当前经济效益与长远经济效益、局部经济效益与全局经济效益。

④权变性。企业在制定好市场营销战略后，可以根据企业外部和内部环境以及条件的变化而进行适宜的调整，以适应瞬息万变的市场环境，最终使其符合市场实际发展的需要。

⑤计划性。战略指导全局，必然具有计划性的特点。它既是根据国家产业政策要求、社会需求及企业的中长期发展战略目标而制定的，又是企业制订经营计划的纲领性文件。具体来说，计划性是根据企业营销思想和营销方针，把要做的工作的具体内容、方针、步骤、时间规定下来，按年（季）度付诸实施，从而形成企业长远营销的定量安排。

⑥逆向思维性。传统的中国方法，在卖方市场有效，但在今天的买方市场已不再有效。因为对市场的重视，是市场营销对企业的基本要求，它强调产品的开发前提和基础是市场的开发，即企业应当使用先考虑市场再考虑产品这一逆向思维模式。

⑦系统性。系统性要求企业从营销的外部环境到内部条件，从营销思想、方针、方向、目标、策略到行动计划等方面做出系统性谋划。可见，系统的营销战略必须具有不同层次、不同结构、不同功能，并把它们结合起来形成多维结构的营销战略。企业应将营销战略作为一个系统工程统筹规划，追求整体发展的最大效益。

⑧竞合性。市场与企业的关系是竞争与合作的复杂统一。实现企业目标是营销策略的重点。随着新经济时代的到来和环境动荡的加剧，企业很难靠一己之力在市场上前行，而激烈的竞争战略更会使诸多企业陷入困境。竞争战略在20世纪80年代以来，被竞合策略逐渐取而代之。虚拟企业、战略联盟、战略外包等竞争战略日益成为企业战略选择的主要内容。因此，营销战略更应加强竞合性。

⑨风险性。由于营销环境的多变性、复杂性以及企业内部条件的不断变化，战略总是相对未来而言的，因此，企业的营销战略具有风险性特征。然而，风险总是与机遇同时存在的，而且还是可以互相转化的。企业营销战略的实施也就是抓机遇、避风险的过程，如20世纪70年代的石油危机，对几乎所有工业国家的企业都形成巨大的风险，但日本的汽车工业从中却获得了更有利的竞争地位。

第三节　市场营销战略的意义与分类

一、市场营销战略的意义

（一）市场营销的作用

1. 发掘机会

市场营销部门的主要职责之一是寻找市场机会。通常，我们将消费者尚未得到满足的需求称为市场机会，当然，还包括没有能够得到很好的满足的市场机会。市场机会能够给企业产品以及服务带来更多销售与盈利的机会。其中，动态性、时间性、空间性都是它所具备的特征。

因此，在寻求市场机会的过程中，应当本着发展新业务的思路，经常做一些市场调研以及预测，合理借助市场营销战略相关制定过程以及相关执行过程，发现、识别、探究各种市场存在的机会。

2. 选择整合良机

市场营销组合具有四个特性，即可控性、动态性、复合性、整体性。因此，在营销过程中，应对它们进行整体规划、综合思考、合理编配，使它们密切配合，从而将其所具备的系统功能最大限度地发挥出来，以确保营销目标的实现。

3. 实现企业可持续发展

所有企业的资源都不是无限的，因此，企业需要用有限的资源来实现自身的可持续发展，如此一来，拥有科学的营销战略就显得尤为重要。营销战略关系到实现从企业有限资源到市场最大有效供给商品优势的转化，关系到从企业商品优势到市场胜势的转化，进而实现从市场胜势到企业可持续发展强势的转化。

（二）市场营销战略在企业发展中的地位

1. 是关系到企业兴衰成败的关键性战略

（1）企业营销活动的范围逐渐扩大

自从"创造顾客"的观点被德鲁克提出之后，企业开始为了满足顾客的需要而组织生产，期间，主要以生产和开发优质产品来引导消费、创造顾客，从而顺利实现潜在的交换。事实证明这一观点是可行的。因此，"创造顾客"这一观点也顺利成为现代企业营销的主要观念。企业逐渐成为一个面向市场、面向社会的开放系统。尤其是在全球市场初步形成的环境下，企业营销活动拥有了更为广阔的天地。由此可见，企业营销战略决策十分重要。

（2）现代企业组织的规模逐渐扩大

由于经济发展的速度之快，以至于当今社会中出现了各种大型企业以及大公司等。这些规模较大的企业一般都是由多个子公司以及部门组成的。员工人数多则几万，甚至是十几万，且这些公司的分支机构遍布于世界各地。在整个营销的过程中，这些规模巨大的企业如果仅凭个人经验去做一些重要决策，后果难以想象。因此，在以母公司发展战略作为指导的前提下，相关经营单位自行决策营销战略是现在的主要趋势。

（3）现代企业营销对环境的依赖性逐渐增强

环境是制约和影响现代企业营销的主要因素，因此，现代企业营销越发依赖于环境。环境并非固态的事物，而非固态社会和非固态经济环境恰巧是所有现代企业生存的居所。为了适应环境的变化，企业就必须进行战略决策。由此可见，营销战略是企业生存与发展的关键。保持与动态变化环境的相适应，是企业在竞争中生存发展的关键，而这种相适应是建立在对环境变化做出科学性判断与预测的战略决策的基础上的，只有做到这一点，才能保证企业营销的成功。

2. 是企业进行市场营销管理的基础框架

（1）企业总部级

整个企业的战略计划应当由企业最高层负责。简而言之，决定企业整个战略方向的是企业总体战略。除此之外，相应的资源分配以及新增业务战略也是由企业总部级所决定的。

（2）经营单位级

若干个战略经营单位组成了一个企业，这些战略经营单位分别从事不同的业务。然而，这些战略经营单位需要按照总体战略的指导来制订自己的战略计划，从而确保该单位经营活动能够符合企业总体战略规定的目标要求。

（3）产品级

一个经营单位在较大的企业里，往往在拥有若干条产品线的同时，又拥有若干个产品项目以及品牌。然而，任何一种产品都要分别制订市场营销计划，实施市场营销管理。营销计划必须服从于企业的总体战略和经营战略。营销活动及其策划必须在战略计划的框架内进行，由销售部门制订营销计划，并实施这些具体计划，即营销管理。营销活动的结果由战略规划部门进行评估。

多数经营单位或是战略计划部分在实际工作中，都应以市场作为主要的操作方法来探测机会，并在此基础上制订实现企业目标、完成经营任务的市场营销计划。这一步便是战略规划中的第一步，同时也是市场营销的第一步，因为它确定了目标市场、合理的销售目标，以及实现目标所需的资源。采购、制造、财务、人事等部门的作用，就是确保有充足的人力、财力、物力去实施市场营销计划。

3.是企业整体战略的"神经"

（1）阶段发展战略和根本发展战略

阶段发展战略和根本发展战略是企业战略的两个重要组成部分。我们通常将企业发展过程中的一定阶段的战略称为企业阶段发展战略。而企业在整个发展过程中的战略被称为企业根本发展战略。营销战略其本质就是一种阶段发展战略，而企业根本发展战略则是由企业的根本性质以及它与环境之间的关系所决定的。阶段性和相对稳定性是阶段发展战略最为显著的特点。而根本性和稳定性则是根本发展战略的显著特点。

（2）营销战略与根本战略相互影响和制约

企业自身因素和市场环境因素是影响企业营销活动的主要因素。当这些因素在企业营销活动中发生了变化，那么就会引起营销策略的变化。一旦将企业根本战略确定下来，就意味着企业或公司已将市场营销活动所要达到的目标予以明确，任何企业和公司都是如此，无一例外。

除此之外，营销战略也是企业战略中所不可缺失的关键部分。如果企业战略中没有营销战略的存在，根本战略就变成了一具空壳，很难实施。但这并不代表着可以将根本战略抛掷一旁，没有根本战略参与其中，营销战略也很难实现。由此可见，企业根本战略和营销战略都是企业战略中不可缺失的重要部分，且二者相辅相成。

二、市场营销战略的分类

（一）按产品与市场组合方式划分

1.市场开拓战略

①在已有的销售区域寻找新市场。例如，一家原本以企业为主客户的电视企业，逐渐向家庭、个人进行电视的销售。

②发展新的销售区域。如从城市市场转向农村市场、由国内市场转向国际市场。

2. 市场渗透战略

①促使现有顾客增加购买，包括增加购买次数和购买数量。

②争取竞争者的顾客转向本企业。

③吸引新顾客，使更多的潜在顾客、从未使用过该产品的顾客购买。

④实施产品开发战略。产品开发战略是指向现有市场提供新产品或改进的产品，目的是满足现有市场的不同需求。比如改变产品的外观、造型或赋予新的特色、内容；推出档次不同的产品；开发新的规格、式样等。

3. 市场多元化战略

经营单位如果无法在原有营销体系框架内发展，或者在营销体系之外有更好的机会，就可以对市场多元化战略进行考虑。它包括同心多元化、水平多元化和综合多元化等。然而，市场多元化战略必须有主业或依附于主业实现多元化，这样企业才更有可能成功。

（二）按竞争地位划分

1. 市场领先者战略

（1）保证市场份额

创新是领导者保持市场份额最好的方法。领导者不仅要在降低成本、创新渠道、调整价格等方面充当开路先锋，还要在产品和业务的整合和多元化中不断探索新的业务领域，不断发展。它常用的策略有侧翼防御、以攻为守、阵地防御、机动防御、反击防御、退却防御等。

（2）提高市场占有率

市场领导者寻求增加市场份额也是增加收入和保持领先的重要途径。PIMS（一项美国研究）表明，市场份额是与投资回报相关的变量之一。想要投资回报率变高，就需要拥有较高的市场占有率。市场份额超过40%的公司的平均投资回报率是市场份额不到10%的公司的三倍。

因此，许多企业的目标是扩大市场份额。市场占有率越高，投资收益率也越大。市场占有率高于40%的企业，其平均投资收益率相当于市场占有率低于10%的企业的三倍。因此，许多企业以提高市场占有率为目标。

（3）扩大市场总需求

①寻找新的使用者。任何一件产品都有吸引购买者的潜力，那为什么许多消费者没有购买这些产品呢？这很有可能是由于购买者对该产品的特性并不了解，或者是不确定消费者对该产品是否有需要。这便需要作为市场领导者的企业，主动担起宣传该类产品功用的重任，不断刺激消费者购买该产品的欲望。

②开发产品新用途。企业可通过发现并推广产品的新用途招揽更多顾客，扩大市场规模。

③扩大产品使用量。说服人们在每次使用产品时增加使用量，如宝洁公司劝告消费者在使用海飞丝洗发露洗发时，每次将使用量增加一倍效果更佳。

2. 市场挑战者战略

市场占有率仅次于领先者，且在此基础上有足够实力向领先者主动发起全面攻击的企业是市场挑战者。扩大市场占有率，以便获得更多收益是它的基本战略。

①攻击市场领导者的弱点。在具有较高回报的同时，该战略还具有较高的风险。一旦成功，收益满满；一旦失败，一切皆空。

②攻击财力不足、缺乏创新、规模相仿的企业。对于挑战者而言，那些财力拮据、创新不足的同类企业是最好的目标，挑战者只需要依靠渠道来进行创新，并在此基础上运用价格折扣策略即可迅速夺取原有市场份额。

3. 市场补缺者战略

①特殊顾客专业化。这类企业可在同一时间向多个或单个客户销售产品，而许多小企业只向单个客户销售产品。

②垂直专业化。这类企业可同时向处于生产和分销循环周期的垂直层提供服务，多数市场补缺者专门为大企业不重视的小规模顾客群提供服务。

③顾客规模专业化。这类企业可以集中全力分别向小、中、大规模的顾客群进行销售，如向一家大企业提供其全部产品。

④最终用户专业化。这类企业可以专门为某一类型的最终用户提供服务。

⑤地理市场专业化。这类企业只在全球某一地点、地区或范围内经营业务，如企业只生产显微镜，或者范围更窄一些，只生产显微镜上的镜头等。

⑥产品或产品线专业化。这类企业只经营某一种产品或某一类产品线。

（三）按企业市场营销环境划分

1. 剧增战略

在较短时期内对企业竞争地位进行大幅度改变是剧增战略的主要特征。企业在新产品被推出的条件下，其首要任务是开拓可利用的市场；对于现有的产品，企业需要考虑的是用其他产品取代该产品或是将该产品价格进行适宜的调整。

2. 连续增长战略

连续增长战略的主要作用是维护企业的竞争地位。如果企业选择采用这一战略，就应当在一定时期内对自己目前所发展的市场增加新一轮投资。如果是处于新增投资时期，那么企业应当注意投资不要超过自己的能力范围。简而言之，企业在选择这一战略时，应当把握好投资的时机和数量。

3. 零发展战略

对目前市场占有率努力地放弃，是零发展战略。我们也可以理解为，企业在市场仍具有发展前景的前提下，主动放弃竞争地位。一般企业会在现有产品竞争力几乎丧失的情况下采取这种战略。不使用这种战略也并非不可，只是需要企业付出十分巨大的代价。也就是说，这一战略的使用，意味着企业不会再做进一步投资，也不会进行大规模推销活动。一旦该产品的收益小于成本，那么企业就将其终止；如果该产品收益大于成本，那么企业还会让其存活下去。

第二章　市场营销现状与发展态势

目前，大多数发达国家已进入买方市场时代，企业管理的重心已从生产转向销售。然而，由于人力、物力、财力的缺乏和信息市场的不完善，在陌生的国际市场环境下，我国中小企业在营销活动中面临诸多问题。本章从我国企业的发展概况、我国企业市场营销发展现状、我国企业市场营销面临的问题、我国企业市场营销的态势分析等方面简要阐述了营销的现状和发展。

第一节　我国企业的发展概况

一、我国早期企业发展情况

早期的国营进出口公司是中国的外贸企业。但是从 20 世纪 70 年代末到 80 年代，对外贸易权一直属于垄断状态中。直到 20 世纪 90 年代中期，企业和一些机构只有在符合一系列条件并获得批准的情况下才能从事对外贸易。但当时只有大型国有企业、集团公司或大型民营企业才有资格。直到 1999 年，国家才解除对非公有制经济对外贸易的限制，开始放开民营企业的进出口权。此后，大批民营企业加入中小出口企业行列。

一是 20 世纪七八十年代，一些国有大中型出口企业的职工从事对外贸易。由于他们了解国外消费者的信息，熟悉国内商品的供应情况，因此，一些人在改革开放的深入时期就开始创办自己的外贸公司。不过，在早期只从事外贸，不从事生产。但是，随着公司的发展，原有的供应工厂已经不能满足其要求，或者为了在采购方面有更好的主导权和议价权，一些贸易公司逐渐建立了自己的工厂，把仓库作为车间，然后开始生产。

二是在乡镇农村居住的农民，他们还是中国庞大的出口工厂区的主要成员。他们掌握技能或对外部信息非常敏感，有些人在自己的家中经营小型作坊，通过从该市的外贸公司那里获得出口订单，为其加工生产，尤其赚取加工费，这也就是我们所说的代工厂。在 20 世纪 90 年代，这就是中国大部分产品的生产方式（即使是现在，这样的小工厂也是随处可见的）。后来，随着时代的进步，经济实力的增强，小作坊得到了发展，开始用工厂厂房代替家庭作坊，并购买先进的设备以提高生产水平。越来越多的中小型工厂采用现代化的机械化生产方法，利用国内进口自由化的优势和出口权，独立开展对外业务。例如，青岛金王集团以出口蜡烛为主营业务，在 2007 年，它成为亚洲首家上市公司和全球第三大蜡烛消费品的上市企业。公司成立于 1993 年，尽管成立之初有种种困难，但还是对废物处理设施进行了升级，并引进了国外先进的机械设备，使其生产效率有了很大的提高。此外，中国有大量的就业人口，这也为大规模生产提供了充足的人力资源。所以，与其他发展中国家相比，我国中小企业以其优势遥遥领先，使许多国外订单都落入了我国的中小型企业手中。

三是在改革开放以后，一些海外华人回到家乡，以投资和家乡建设的形式进行访问和支持。他们希望人们共同富裕起来，促进地区出口产业的发展，并将其复制到全国。众所周知，著名的"温州模式"促进了江浙两省的工业和出口贸易的发展，对区域经济产生了深远的影响。

在我国中小企业的发展之初，他们主要面向国内的市场，并且他们的营销活动极其简单。长期以来，我国绝大多数中小企业虽然都关注国际营销，但对其了解可以说接近无，更不用说真正从事国际市场营销活动了。然而，要拓展国际市场，中小企业就必须面对比国内营销环境更为复杂的局面。因此，从这方面看，这无疑对中小企业的国际营销提出了更高的要求。

二、改革开放初期我国企业发展情况

在改革开放初期，国内的许多中小企业在第一次面对国外市场环境时，其在国际市场和国际影响环境中产生的真实感受实际上都是来自香港地区的企业。因为与内地企业相比，香港地区以它独特的市场环境在国际市场中占有不可替代的地位，其营销特点值得内地企业去学习。改革开放初期，我国沿海地区出现了一批中小企业，由于这些中小企业最初主要是通过香港企业而接触国际市场的，再加上历史原因和地理位置的相似，内地中小企业在与香港市场的接触中受益匪浅，不仅使他们增加了知识和开阔了视野，也积累了融入国际市场的经验。

由于香港地区仅约 1000 平方公里，地理环境因素决定了香港地区的经济发展只能以中小企业为主。有资料显示，在香港的工厂里，实际上只有 16 个工人。但就是这少之又少的人力资源，却让香港在世界贸易史上出尽了风头。香港企业在国际市场上的成功，除了离不开香港政府扩大对外贸易和不干涉企业和自由港的宏观政策，在微观上，香港企业能根据国家市场需求灵活运用营销策略也成为香港立足国际市场的主导因素。这是因为香港制造商关注国际市场需求的变化和自身特点，制定自己的特定营销策略，以便彼此合作，从而在国际市场竞争中取得成功。

在基本环境、企业规模、产品结构和市场需求方面，香港企业与内地中小企业有许多相似之处。因此，在开放国际市场的初期，他们在从事国际市场营销活动时，便充分汲取了香港中小企业的经验。香港企业在国际市场营销方面的成功经验为未来国际市场的进一步发展奠定了坚实的基础。

自改革开放以来，我国国民经济得到了很大的发展。当然，与国民经济的整体发展相比，我国中小企业的发展速度也有所加快。中小企业似乎已经成为国民经济结构的重要组成部分。有关部门统计，截至 2013 年年底，我国注册中小企业已经超过了 4200 万户，占全国企业总数的 90% 以上。它们占中国经济总量的近 60%。并且，中小企业提供的商品、技术和服务出口约占中国出口总额的 60%，其税收总额占我国税收总额的 43.2%。特别是我国的轻工业、纺织品、服装、玩具和五金业的出口，几乎全部由中小企业来提供。在经济发达的江浙闽三省，一大批业务面广的中小企业是区域经济发展的骨干力量。不难看出，我国中小企业的发展在一定程度上决定着我国经济的整体水平。

三、近年来我国企业发展情况

近年来，由于我国经济的不断发展，新一轮大规模的国际产业转移为我国中小企业提供了大量的国际营销机会。随着经济全球化的深入和新技术革命的发展，国际市场竞争日趋激烈。在利益驱动下，20 世纪 80 年代以海外直接投资为主要手段的发达国家和新兴工业化国家发起的国际产业转移引起了广泛关注，近年来呈现出加速发展的趋势。我国东南沿海地区投资环境良好，已成为新一轮国际产业转移的热点和密集区之一。国际大产业向东南沿海转移，为中小企业与外国公司在资金、技术、品牌、投资渠道、多元化合作等方面提供了许多市场机会。在这一过程中，我国东南沿海地区培育了许多中小企业，在国际营销方面也有许多成功的先例。目前，随着市场经济条件下中小企业的不断成长壮大，一些优秀的中小企业已逐步走向国际化，融入世界市场，体现出一些突出特点。

首先，我国各类所有制企业国际市场开放格局已经基本形成。诸多中小企业实施"走出去"战略的营销能力也在不断增强。国有中小企业和民营企业将成为国际市场竞争的新力量。

其次，一些中小企业在资本、技术、人才等方面具有一定的业务规模和比较优势，如浙江万向集团和飞跃集团，在外商直接投资和海外贸易方面取得了显著成就，为其他中小企业从生产要素的全球配置、全球市场的开拓到企业的国际化发展起到了示范作用。

再次，我国的中小企业主要以轻工业产品为主，其在发达国家、发展中国家以及不发达国家中都占有一定的份额，已经打入了世界主要市场。随着国际贸易伙伴增多，营销领域扩大，我国的中小企业初步形成了国际市场和出口产品多元化的局面。

最后，我国劳动密集型产业在国际市场上加工出口产品的技术含量较低，中型产品在成本和价格上仍具有比较优势，具有巨大的国际市场空间。

第二节　我国企业市场营销发展现状

一、对外投资增长

近年来，由于我国经济实力的不断增强，我国对外直接投资快速增长。2003 年至 2005 年，我国对外直接投资分别为 29.55 亿美元和 122 亿美元，年均增长 100% 左右。到了 2006 年，我国对外商直接投资更是比上年增长 31.6%，达到了 161.3 亿美元。如此迅速的增长，使我国在全球的外商投资排行从 2005 年的第 17 位上升到 2006 年的第 13 位。截至 2010 年年底，我国吸收外商直接投资 688.1 亿美元，同比增长 21.7%，创历史新高，位居世界第五。

随着市场经济的不断发展，外商直接投资的激增，中小企业加快了"走出去"的步伐。根据商务部发布的中国外商直接投资统计公报，截至 2010 年年底，已有 1.3 万多名国内投资者在华设立外商直接投资。根据国家市场监督管理总局的登记来看，其中近 7 成为中小企业。可以看出，参与中国对外直接投资的中小企业数量正在快速增长。我国中小企业规模小、经营灵活、效率高，在国际市场上占有一席之地。

二、以加工贸易为主

目前在我国，加工贸易的贸易方式是我国中小企业主要出口方式之一。据统计，我国加工贸易进出口总额由 2000 年的 2302 亿美元已经逐步增加到 2008 年的 10536 亿美元。我国现在的加工贸易企业近 15 万家，中小型企业占据大部分。从业人员更是达到了 3000 万人，约占城乡工业就业总量的 15%。

2010 年，中国外贸总额约为 2.9 万亿美元，其中加工贸易占 48.55%。海关统计，2014 年中国进出口总值为 26.43 万亿元，比 2013 年增长 2.3%。出口总值为 14.39 万亿元，增长 4.9%；进口总值为 12.04 万亿元，下降 0.6%。贸易顺差为 2.35 万亿元，增长 45.9%。2014 年，中国进出口贸易总额增长 3.4%，进出口总额增长 6.1%，进口总额增长 0.4%。一般贸易平稳增长，加工贸易平稳增长。

2014 年，我国一般贸易进出口总额为 14.21 万亿元，增长 4.2%，占同期进出口总额的 53.8%。同期，加工贸易进出口总额为 8.65 万亿元，增长 2.8%，占同期进出口总额的 32.7%。2014 年，民营企业进出口总额为 9.13 万亿元，增长 6.1%，占同期进出口总额的 34.5%。同期，外商投资企业进出口总额为 12.19 万亿元，增长 2.4%，占同期进出口总额的 46.1%。国有企业进出口总额为 4.59 万亿元，下降 1.3%，占同期进出口总额的 17.4%。显然，民营企业已经成为企业稳步发展的主力军。

三、以劳动密集型为主

由于我国出口的大多是以纺织服装、鞋、包、玩具、小家电、塑料制品、家具、工艺品等为主的劳动密集型产品，所以，我国中小企业也主要集中在纺织工业、木材加工业、金属和塑料制造业等劳动密集型和技术相关行业。近年来，虽然我国中小企业的出口商品结构在不断优化，增加了一些技术密集型产品，使得机电产品和高新技术产品出口比重不断提高，但是由于水平有限，一些资金和技术密集性的产品质量并不是很高，以至于在国际市场的竞争力不强。

由此可见，我国的中小企业在对外直接投资上涉及劳动密集型、技术密集型和资本密集型产业，但还是以劳动密集型产业为主，导致资本密集型和技术密集型产业所占比重还是很低。据统计分析，中小企业对外直接投资主要集中在轻工、机电等劳动密集型产业，这些产业绝大多数（77%）以服装、鞋类、汽车零部件和其他产品为主，而技术密集型只占 20%，资本密集型占 3%。显然，中小企业的外商直接投资产业以劳动密集型为主，产业层次较低。

第三节 我国企业市场营销面临的问题

一、世界各国的非关税贸易壁垒激增

目前，国际市场正在变化。与只占领国内市场的企业相比，参与国际竞争的企业往往面临更大的压力和更多的困难，尤其是中小企业。我国中小企业大多是劳动密集型企业，劳动力资源丰富，价格低廉，在纺织、服装、玩具等领域具有巨大的成本优势，在国际市场占有较高的份额。但近年来，由于全球经济发展缓慢，各国失业率均有不同程度的上升。因此，为了保持国内经济发展，减少失业人数，许多国家都出现了贸易保护主义。随着自由贸易的发展和关税的降低，反倾销越来越多地被用来构筑贸易壁垒。

由于我国许多中小企业的劳动密集型产品在国际市场占有很强的成本优势，所以在向海外市场进行销售的过程中，往往会容易被该国家贴上倾销的标签。再加上我国的中小企业缺乏精通国际贸易和国际市场规则的专业人士，因此，当与其对簿公堂时，对自身地位相当不利。长久以来的这种现象，使我们在国际市场的竞争力大大降低。还有就是，随着时代的进步，人们的环保意识有所加强，为了实现可持续发展，消费者对产品的绿色和环保性能提出了越来越高的要求，尤其是在国外市场。然而，由于资金和人员的限制，我国中小企业只是在盲目地注重产品的设计、包装和推广，其安全和环保意识薄弱。正因如此，外国市场经常以此为借口，给中国中小企业出口产品制造困难。这一绿色壁垒使我国的许多产品在国际市场上处于不利地位，大大降低了我国的国际竞争力。

二、我国中小企业受自身发展现状的约束

目前，随着时代的进步和经济全球化趋势的加速，消费者的价值观、消费观和收入水平产生了极大的变化。这就对中小企业的传统营销活动提出了挑战。另外，随着国际市场竞争的加剧，中小企业要想立足于国际市场，就要改变传统的营销方式，为了迎接国际市场，对自身做些改变。那么中小企业发展的问题究竟出在哪里呢？下面将简单介绍一下。

（一）中小企业缺乏合作能力

中小企业由于自身的限制，要想发展得更好，就要善于与大企业建立合作

关系，增强合作的意识，促成共同发展、以强带弱的发展局面。面对中小企业的劣势，大企业可以为其提供人力和财力支持，使其能利用其生产优势为二者创造更大利益，帮助中小企业转型，逐渐成长为大企业。但是以目前我国企业的状态来看，恰好与之相反，我国成千上万的中小企业长期处于分散、封闭的状态，人力和资金都相当缺乏，这就对中小企业的发展产生了不利影响，也造成了资源的浪费。

（二）中小企业融资困难，资金不足

中小企业长期以来融资一直处于两难境地的原因主要有两个。一是大多数中小企业经营管理不规范，产品市场竞争力不强，市场风险承受能力差，经营环境不稳定，金融体系不健全，财务管理模式相当落后甚至等同虚设，这就使得银行等金融机构难以通过程序性财务审计进行信用评估，这必然影响企业融资。二是由于一些中小企业缺乏诚信意识，往往恶意逃避银行债务，导致金融机构为了防范金融风险而不发放贷款。

另外就是，虽然我国为中小企业的融资提供了许多优秀政策，但由于中小企业的自身规模和实力有限，带来了许多制度风险和信用风险，因此，还是很难找到有效的融资渠道。融资渠道找不到，就导致中小企业资金匮乏，也就使其向国际化发展产生了巨大困难。

（三）中小企业营销能力低

大多数中小企业只注重生产，没有明确的企业战略和营销战略。还有一些公司不重视市场调查，没有认识到市场调查的重要性。尽管一些公司已经制定了营销策略，但大多数公司缺乏数据分析和市场研究。在这种情况下，仅凭主观想法是不可能进入国际市场的。据调查，40%的中小企业没有进行市场调研，导致重大项目失败，平均损失51.15万元，最高损失100万元。

虽然，中小企业具有灵活的经验和较强的适应市场变化的能力，这有利于中小企业抓住市场机遇，调整产品结构或业务范围。但是，大多数中小企业并没有充分利用这一优势。由于没有明确的市场定位，盲目跟随市场，没有稳定的业务发展方向，不考虑自身的特点和不足，导致难以实现竞争的成功。此外，由于营销战略的不准确和不到位，其营销行为必然具有许多盲目性，导致许多中小企业在竞争过程中被动地调整营销方向，浪费资源和能源。

（四）中小企业缺乏外贸、法律、管理等专业人才

于目前许多中小企业普遍存在着管理人才和业务人才短缺的问题，造成了

人员的滥用情况。许多中小企业任用的员工大多对国家政策不够了解，对业务操作程序更是不熟悉，甚至在人员缺乏时，会出现赶鸭子上架的情况，导致许多业务人员在没有受到过专业的培训的前提下，工作效率太低，影响企业的生产和发展。并且，由于中小企业想要面向国际市场，这就需要一些了解国际市场法律法规的专业人才来保护企业的合法权利，进而促进在国际市场的立足。

（五）中小企业技术创新能力低，产品生命周期短

目前，中国的市场经济普遍存在分布不均的问题。市场上有大量的中小企业，这些企业往往占用大量国内资金来源，造成市场运行效率低，阻碍了大型企业的发展。虽然我国中小企业出口大量产品，我国制造业也具有世界影响力，但总体而言，这些产品、价格低、缺乏品牌和国际竞争力是不争的事实。另外，由于产品知识产权附加值低，难以形成自己的特色，同质化严重。

虽然中小企业具有较强的制造能力，但是在外贸增长方面，主要依靠自然资源和劳动力的粗放投入，这就导致了虽然出口有所增长，但是产品质量和技术含量却很低，并且缺乏品牌建设，导致附加值和利润很低。因此，与大企业相比，中小企业虽然在创新的路上也耗费了大量精力和资金，其淘汰率却还是很高。还有就是一些中小企业只重视对销量好的产品的销售，缺乏自主的品牌意识，导致公司后续发展不足，在市场上很早就进入了衰退期。对于企业来说，技术能力创新是其发展的潜在源泉，技术创新的强弱关系到企业在国际市场的竞争力，而我国的中小企业在开拓市场时，在这一方面并不乐观。例如，在温州，大多数中小企业使用的仍旧是 20 世纪 70 年代和 80 年代的旧设备，企业基本上没有发展能力。在 39.7% 以上的工业企业中，工程技术人员仅占 5.02%，管理服务人员占 23.47%，大专以上毕业生仅占 2.06%。

（六）中小企业缺乏国际市场相关信息和先进的开拓国际市场的手段

国际市场的最新供求信息和贸易伙伴国的商法、贸易和经济信息对国际市场的发展起着重要作用，有利于企业的科学决策。信息缺失是制约我国中小企业发展的薄弱环节。调查显示，78.7% 的中小企业认为，国际市场供需信息不足是开拓国际市场的最大难点。由于许多中小型企业无法获得国际市场和渠道的最新信息，不能与外国买家建立密切的联系，导致消费者资源的缺失，这对中小企业进行营销活动是非常不利的。归根结底，这种情况出现的原因是他们不重视市场需求、企业理念和设计不能满足国际市场的消费需求和产品竞争力。

此外，由于中小企业对外国经济环境缺乏敏感性，外国买家的信用等级较高，容易造成损失。

受经营理念、政策等因素的制约，我国中小企业在开拓国际市场方面出现相对单一、落后、狭隘的问题。这主要体现在劳务输出、承包工程、引进外资等形式较少，而经营一般贸易居多；在百货贸易中，间接出口的多，而直接参与国际市场的较少；中外合资企业中，个体企业较多，外资控股、参股较少；以一般商品交易赚取差额利润为目标的多，在更高级的国际贸易领域进行交易的较少，比如电子商务。

第四节　我国企业市场营销的态势分析

一、我国中小企业开展市场营销活动的优势分析

（一）具有健全的专业市场

目前，我国区域产业格局呈现出集聚化的特点，区域性专业市场逐步形成，特别是长三角和珠三角地区的中小型企业。中小企业能够在短时间内了解商品市场变化的原因在于这些专业市场收集了大量的商品信息和需求信息，在积累和交换信息方面存在着很大的优势，使中小企业大大降低了市场信息的搜索成本。同时，销售网络的形成有利于专业市场信息的共享。中小企业依托市场分享中间商品和最终消费品在营销方面的外部规模经济，并依靠专业市场的知名度和整体营销战略来开拓自己的国际市场。

（二）具有专业化产品优势

一般来说，中小型企业不像大型企业涉及的产品种类那样广泛，中小企业的产品种类具有一定的限制性，主要受到人力、物力、财力等的影响。也正是因为它的限制性，中小企业在某一领域或在某一产品上能够做强做细，青岛金王公司就是一个例子。青岛金王公司在成立和发展之初，就专注研究与开发"蜡烛"这一产品，不仅在质量标准上达到了国际水平，而且发明了许多新品种和获得了诸多国家专利。在青岛金王公司的蜡烛出口业务的不断增长下，金王"蜡烛"得到了国际采购商家的广泛认可，在产品分类和包装设计方面也处在行业的领先地位，甚至被认为是中国最专业的蜡烛制造商之一。

后来出口业务量不断扩大，为满足消费者多样化的需求以及为了更大范围

地开拓市场，金王"蜡烛"不断扩大生产线，开发了多种附属产品。附属产品通过采购外协工厂再出口，其中包含玻璃、陶瓷、木制品、沐浴香熏等大部分的家居装饰用品，但这并没有影响到金王公司在蜡烛制造方面的发展。我们必须承认，金王公司今天的成就与它早期对蜡烛的专业化的研发密切相关，它的快速发展也正是因为这种专业化的产品优势。

（三）具有灵活的机制

与大型企业相比，中小企业在企业规模、人才、管理和技术上是不具备绝对优势的，但在国际化经营中，由于灵活的机制和简单有效的组织结构，中小企业在信息交流方面具备快速、准确的特点。也就是说，一项业务确定之后会很快地付诸行动，实施时能够有效地降低内部消耗，提高效率。这种特点尤其体现在日常审批上，既能节省大量时间，又能有效地提前完成工作。

中小企业相对于大型企业来说，其对市场反应具有更大的灵活性和弹性，有利于企业快速做出决策。这在与消费者谈判时能够明显地体现出来。在与消费者谈判时中小型企业更容易就产品的价格和付款条件达成一致，而不像与大公司谈判那样会受到公司统一规定的约束。中小企业在与消费者谈判方面的能动性较强。另外，中小企业规模相对较小，员工所做的贡献很易于识别，这也有利于对员工进行有效的激励。

（四）具有广泛的认同度

中国自改革开放以来，对外贸易呈现迅速发展的态势，尤其在21世纪初，全球经济不景气之时，中国的对外贸易却始终保持顺差，中国制造的产品销往全世界大部分国家，为世界经济做出了巨大贡献。据美国估计，近年来，中国廉价的制造业导致美国消费者损失近7000亿美元。中国制造的产品价格低廉、品种齐全，并具备定制加工能力强、生产周期短等优势，使得国外经销商对中国产品的认可度普遍提高。

（五）具有人力和原材料的优势

劳动密集型的传统产业是我国具有比较明显的劳动力资源优势的行业，我国中小企业就主要集中在这种传统产业之中，因此我国在劳动力成本方面具有明显的优势。我国中小企业的用工成本远远低于国际同行，这也使得我国中小企业在出口的产品成本方面具有较大的优势。随着中国经济水平的不断提高，中国的大量闲置劳动力的流动速度有所放缓，企业出现了用工难、工资成本高等问题。但总的来说，我国的劳动力资源仍然占主导优势。虽然中国的劳动力成本有所上升，但与发达国家相比，仍然处于相对较低的水平。这种较低的劳动力成本，使我国中小企业在国际市场中具有一定的竞争优势。国际纺织制造商联合会（MF）统计显示，中国的劳动力成本仅占美国的8.40%，占日本的8.20%，占法国的5.36%，占瑞士的5.06%，占德国的3.35%，占意大利的4.59%。事实证明，我国中小企业产品的生产成本在国际市场上和其他国家相比仍处于较低的水平。

此外，在原材料方面，我国中小企业也具备明显的优势。原材料的组织和采购成本这两大优势叠加，使我国中小企业在国际市场营销中具有了一定的竞争优势。

（六）具有很强的生产能力

改革开放以来，我国社会生产力得到极大解放的同时，生产效率也在不断提高。为了满足国外市场日益增长的需求，国内中小企业进行了生产改革。改革首先体现在中小企业对先进的技术和工艺的学习方面。其次体现在引进国外先进的机器设备、生产设施更新换代的资金投入方面。生产改革大大提升了生产效率。

中国劳动人口比较多，为大规模生产提供了充足的人力资源。我国中小企业在较短的生产周期内能够处理大量国外订单。这使我国中小企业与其他发展中国家相比，具有明显的优势。

二、我国中小企业开展市场营销活动的劣势分析

（一）税负较重

我国银行贷款一直向大企业倾斜，相反中小企业在银行贷款方面会受到各种限制。原因有很多，如中小企业实力薄弱、抗风险能力差、金融体系不规范、缺乏足够的信用担保等。银行为了防范风险，一向坚持稳健经营的原则，因此，中小企业不能成为银行的优质消费者。对于中小企业来说，贷款不足、资金短缺已成为其发展的瓶颈之一。由于缺乏购买原材料的足够资金，一些出口的中小企业不敢去接大订单，导致失去绝佳赚钱的机会。这些中小出口企业的生存状况反映在国际市场上，表现为发展动力不足、产品价格吸引力不足。

此外，数据显示，中国企业平均税负超过40%，税收种类包括、城市维护建设税、教育附加税、印花税、房地产税、车船使用税、城市土地使用税和企业所得税等。此外还有其他附加税、水利基金、职工水利基金、职工教育基

金、为职工缴纳的"五险一金"、残疾人保障金等合计占到公司营业收入的30% ~ 40%。与世界其他国家相比，我国企业税负处于一般水平。对于盈利能力强的大公司来说，税负不算太重；对于拥有定价权的国有垄断企业来说，税负也不算太轻。但是，对于中小企业和劳动密集型企业来说，税负相当重。加上中小企业融资难问题没有得到很好的解决，中小企业资金的短缺严重阻碍了中小企业的可持续发展。

（二）抗风险能力弱

众所周知，我国在进入 21 世纪后迎来出口贸易的高峰期，由于劳动密集型行业准入门槛较低，大量的中小出口企业加入制造业中来，中小企业大多集中在低附加值行业，经过多年的扩张，行业的竞争更加激烈。为了在这种环境下生存，许多中小企业竞相压低出口价格，导致企业利润率下降，企业毛利润从最初的 30% 下降到今天的不到 10%（退税补贴也包括在企业利润中）。这使中小企业抵御风险的能力越来越弱，其主要表现在两个方面。

一方面，中小企业管理不善。这主要表现在产品质量达不到消费者的要求，或者缺乏对出口从业人员的培训，造成买卖双方交易结果的分期，从而产生索赔。这种现象一旦发生，公司将会蒙受很大的损失。

另一方面，汇率变动也反映出中小企业抵御风险的能力较弱。由于我国对外贸易大多以美元为结算单位，国际汇率的变动直接影响到企业的实际利润。例如，纺织企业面料的生产至少是一个月，正常交货期通常是两到三个月。其中，服装厂的缝纫部门会留出一个月制定生产计划，交货期会随着订单价格的降低而延长。如果在这三个月期间，汇率出现了大幅的波动，这些公司的订单在出口前就会出现负利润的情况。如果国外投资者的付款条件比较严格，如交货后 60 天内议付，在美元行情不利的情况下，公司损失将更大。

（三）品牌意识不强

企业品牌的好坏源于技术、生产、管理、营销等方面的综合投资和长期积累。企业通过创建品牌，将产品与竞争对手的产品区分开来，为消费者提供特定的品牌价值，形成消费者的品牌忠诚。品牌是企业品质、创业精神、企业文化和企业个性的象征，能够保证企业在市场上的合法权益。品牌价值是衡量企业竞争力的主要指标，品牌是企业竞争力的重要外在表现形式。品牌为企业带来高附加值和高市场占有率，对改善企业的生存和发展环境有相当大的作用。

品牌名称对品牌联想的影响很大，甚至直接影响到产品的销售。好的品牌名称影响消费者对产品的忠诚度。一个好的品牌名称是被消费者认可的、被消费者接受的、使消费者满意的。品牌名称联想包括物质和心理两个方面。品牌名称的物质联想涉及产品的特性、价格、使用者、使用场合、购买的便利性和消费者的兴趣点。品牌名称的心理联想包括籍贯、年龄、外貌、个性、经验等。一个品牌名称的心理层面代表了一个品牌的个性，是品牌人格化的表现。现在，我国有很多中小企业没有意识到品牌名称的重要性。品牌名称可能直接导致品牌的兴衰，品牌名称是品牌的核心元素。

　　品牌是一种无形资产。品牌是企业竞争力的综合体现；品牌代表着公司的产品质量管理水平、技术水平、员工素质和企业声誉；品牌对消费者有很大的诱惑力。中小企业应该将创造企业品牌和企业的长远发展联系起来。

　　在国际市场上，"中国制造"的产品比比皆是，但"中国创造"的产品却寥寥无几。一般来说，这些产品档次低、价格低，不能很好地适应国际市场多样化的需求。在品牌战略发展方面，亚洲企业逐渐落后于欧美竞争对手，他们需要尽快加紧追赶，弥补不足。

（四）缺少技术创新和长期规划

　　与国外发达国家相比，作为发展中国家的中国，市场经济起步较晚，许多行业仍处于发展和完善阶段。我国中小出口企业大多来自早期的民营企业和个体企业，它们普遍的共性是企业规模较小，资金有限，基本上都是老板个人说了算，员工缺少能动性，使其难以吸引行业内的优秀人才。各类人才严重短缺，致使我国中小企业的管理水平普遍比较低。而家族式管理的致命弱点则是制度的缺失更容易导致公司管理的混乱。

　　由于中小企业普遍缺乏现代化管理，管理理念落后、基础管理薄弱、现场管理混乱、组织制度建设滞后、生产经营粗放等，导致企业产品质量参差不齐，交货时间不稳定。因此，很难适应日益成熟的市场经济，再加上重视短期利益导致企业缺少长期规划，企业就无法做到未雨绸缪。产品设备的落后、技术的落后、资源和能源的浪费是其主要体现，同时，产品开发能力不足、升级困难也是其重要的反映。

　　劳动密集型产业具有投入产出周期短的特点，相较于资本技术密集型产业来讲，这是劳动密集型中小企业发展的一大优势。但对于劳动密集型产业来说，如果不进行产品开发和升级，将不能在国际竞争中占优势地位。如果中小企业没有市场洞察力，就会逐渐丧失竞争力。在以制造业为主的出口企业中，产品创新是赢得市场的关键。其中，人才质量水平是国际市场竞争的关键，企业管理水平是保证。我国中小企业在这两个方面没有优势，其国际营销能力和业绩成果可想而知。

（五）缺乏必要的政策支持

我国政府一贯的扶持政策都是倾向于大企业的，因为大型企业在国际市场上具有较强的竞争力。而我国中小企业在一些必要的信息、协商、咨询、合作等方面很难得到政府的支撑，这说明我国政府对中小企业的重视还不够。国际营销相较于国内营销来说是非常复杂的，国际营销对公司收集信息、分析和应对突发事件的能力要求非常高。我国中小企业自身条件有限，很难独立完成一些任务，同时得不到政府的相应支持，其在国际市场上开展营销活动就非常困难了。中小企业经营条件差、实力弱，使我国大多数中小企业在国际营销中显得力不从心。

三、我国中小企业开展市场营销活动面临的威胁

（一）我国经济增长放缓

自从 2008 年爆发金融危机之后，我国的整个企业，包括制造业，一直都是非常困难的。从国际上来讲，全球经济也不是很景气，2014 年虽然美国的经济有所上升，但是非常缓慢。欧洲的情况也是如此，希腊、意大利、西班牙这些国家，经济还是继续下滑的。日本的经济增长也极为缓慢，几乎可以忽略。新兴国家印度的经济增长稍微快一点，巴西当年的经济也不是很好，因美国和欧洲的制裁，俄罗斯的经济形势也不容乐观。

我国经济增速放缓，这个趋势是基本上确定的。关于增速放缓，主要原因是近几年我国发展模式所带来的问题表现得越来越明显，发展模式带来的弊病越来越突出。例如，雾霾的现象变得越来越严重。为了改变这种模式，整个国家都需要改变经济发展模式，其直接结果就是经济增长速度放缓。

经济增长速度放缓，必然会对中小企业产生不利影响，造成劳动力成本不断上升。近年来，全国平均工资不断增长，这种增长可能对银行有利，但它将对劳动力成本上升的传统制造业造成压力。即使在我国经济发展增速位于前列的江苏、浙江及广东一些地方，那里招工都非常困难，这是当前很多中小企业面临的一大问题。不仅人工成本增加，原材料成本也在增加，导致产品价格上涨。国际形势不好也影响到一些外贸加工型企业和出口外向型企业，这些企业不断地压缩利润空间。总体来讲，企业面临的大环境和形势都不是很乐观。

（二）我国产品贸易壁垒增加

世界市场竞争日渐加剧，各国贸易摩擦也日趋激烈，随着贸易保护主义的抬头，反倾销已成为当今贸易保护的主要手段。近年来，西方国家经济普遍低迷。相对于欧美等西方发达国家的贸易逆差的上升，我国的经济发展异常迅速。我国政府推出并实施了一系列鼓励出口的政策，这使得我国出口产品的品种和数量持续增加，外贸出口额翻了一番。

2014 年，我国货物进出口总额为 43030.4 亿美元，增长 3.4%，比全球贸易增速高出 2.7%，也高于美国、欧盟、日本、印度、巴西等主要经济体增速，全球第一货物贸易大国地位进一步巩固。其中，出口额为 23427.5 亿美元，增长 6.1%，出口额占全球份额为 12.7%，比 2013 年提高 0.6%；进口额为 19602.9 亿美元，增长 0.4%。贸易顺差为 3824.6 亿美元。

作为一个新兴的贸易大国，我国与世界各国的经济交流范围逐渐扩大。在日益激烈的市场竞争中，贸易摩擦和争端频繁发生，不可避免。我们的政府应该积极应对国际市场的变化，在世贸组织的法律框架下，学会保护我国企业的合法权益。

（三）跨国公司的投资给中小企业带来竞争压力

在过去几年里，我国外商直接投资占发展中国家外国直接投资的 25%。根据直接投资数据，2002 年我国成为世界上最大的外国直接投资接受国。在产业布局方面，75% 的外资集中在制造业上。外商投资企业工业总产值由 1993 年的 9.2% 增长到 2006 年的 31.6%。同时，外资企业的进入给国内中小企业带来压力，加剧了在劳动力资源和原材料资源方面的竞争，相当一部分外资企业也瞄准出口，扩大在全球市场的竞争。2004 年，外商投资企业占我国出口总额的 57.1%，与国内企业基本持平。

通过分析可以看出，尽管我国中小企业国际化起步比较晚，但总体趋势是符合经济全球一体化的。虽然中小企业在规模、管理、人才等方面存在不足，国际环境的不断发展同时给中小企业带来了相应风险。但我国中小企业在许多方面仍然具有优势。例如，具有超强的专业性、极高的开发能力和定制能力等特点，可以满足大规模生产的需要，多年形成的产业链规模和消费者资源积累也具有相当的优势。因此，我国的中小企业在国际上的发展是可持续的，在国际化的道路上是可以走得更远的。

四、我国中小企业开展市场营销活动的机遇分析

（一）经济全球一体化

虽然我国中小企业国际化起步较晚，但由于经济的全球化，我国中小企业在国际化方面能够迅速发展。经济全球化的出现，使全球采购成为可能，同时，发达国家的生产基地也逐渐向发展中国家转移。我国抓住了这一历史机遇，成为全球市场的生产中心，为中小企业面向国际推广产品和服务提供了必要条件。

（二）电子商务的兴起

电子商务的兴起给中小企业发展商机带来了更多的可能性，同时也降低了中小企业的营销成本。20世纪90年代末，电子商务在我国开始兴起。由于2000年以后互联网的普及，电子商务在国际贸易中得到了广泛的应用。国内外B2B网站与中小企业的合作更加紧密，如"阿里巴巴""环球资源""中国制造网"等。通过网络，买家可以更容易地找到大量的产品信息，买家和卖家可以通过即时邮件或实时在线通信进行快速沟通。

由于电子商务的普及，我国中小出口企业的知名度不断提高，通过网络渠道开展业务也得到了普及，甚至成为一些企业的日常工作模式。在小商品产业蓬勃发展的义乌，店主通过阿里巴巴的国际网站向世界销售商品。电子商务的兴起使中小企业的成本得到了降低。

第三章　市场营销战略规划与管理

市场营销战略规划指的是制定比较全面的、长远的市场营销战略规划，它是站在企业全局的立场上，分析和制定企业长期的市场营销战略，并拟定综合的长期规划的。本章分为市场营销的战略规划和市场营销的战略管理两部分，包括市场营销战略规划的内容、营销战略管理的根本任务与管理过程等方面。本章主要对规划内容与管理过程进行简要分析。

第一节　市场营销的战略规划

一、战略环境及内部条件分析

战略环境及内部条件分析是谋划与制定市场营销战略的前提所在，其内容包括以下几个方面。

（一）战略环境分析

战略环境分析主要是分析产业环境因素与宏观环境因素。产业环境分析主要是分析市场与产业的因素；而宏观环境分析则是分析可能会影响战略制定和实施的经济、政治、社会、技术及资源等因素的状况和变动的趋势。

（二）产品状况分析

产品状况分析包含企业产品在质量、性能、信誉、价格和服务等方面的基本情况，以及用户、消费者的反映；同时还包含企业所处的生命周期阶段和产品的竞争能力，以及企业改进老产品的情况和新产品的开发情况。

（三）市场竞争分析

市场竞争分析主要是对竞争对手情况、采取的竞争行为进行分析，从而明确企业的优缺点，有利于取长补短和扬长避短。

（四）企业营销能力分析

企业营销能力分析主要是对企业的销售增长率、市场占有率、广告宣传现状、选择销售渠道和营销人员素质等进行分析。

二、市场营销战略规划的内容

（一）分析市场机会

分析市场机会是市场营销管理过程的第一个步骤，也是企业营销人员的首要任务，还是企业实际市场营销工作的起点和以后各项工作的基础。

还没有在市场中满足的需要在哪儿出现，那这里就是能够赚钱的好地方。很多优秀的企业家也对市场机会进行了总结，总结出的结论为企业市场机会等于消费者没有被满足的需求。还有人进一步说明了消费者在满足需求过程中留有的遗憾，就是企业的市场机会。

市场机会又可分为"环境机会"和"企业机会"。环境机会指的就是市场机会是由环境的变化而客观形成的，比如，能源危机的出现，使人们对新能源产生了需求；二胎政策的全面放开，引起对儿童用品的需求；等等。企业机会是指符合企业的目标和资源条件，让企业可以谋求利益的市场机会，其包含在市场机会中，但却不完全是指市场机会。因此，分析市场机会包括寻找发现和分析评估两个方面。在现代市场经济条件下，某种市场机会是不是能成为某一企业的机会，除了要观察这样的市场机会是否与该企业的任务和目标相一致，还取决于该企业是否具备利用这种市场机会、经营这种业务的条件；取决于该企业同潜在的竞争者相比，在经营这种业务和利用这一市场机会方面是不是拥有更大优势，并且还能享受更大"差别利益"。假设某大城市的市场和旅客需要快餐，饮食公司、百货公司和旅游公司这三家都想利用这种市场机会生产经营快餐，但究竟哪一家公司享有最大的差别利益，就要看哪一家公司在生产经营快餐上具备最多的有利条件或有最大的优势。因此，营销人员不但要善于发现市场机会，还要善于分析、评估市场机会，看它是否对本企业适用，是否有利可图，从而发现真正符合企业目标和资源条件的企业机会。

寻找和发现市场机会的途径主要有以下几个方面。

1.最大范围地搜集意见和建议

发现市场机会的来源包括企业内部和企业外部两个方面。而企业外部有着更为广泛的来源渠道，如中间商、教育与科研机构、专业的咨询机构、政府部门等。所以企业一定要紧密联系起社会的各个方面，学会倾听宝贵意见，并对其进行分析与归纳，直到发现新的市场机会。可以采用以下几种方法最大范围地搜集意见和建义。

①询问调查法。就是采取问卷调查或是上门询问的方式收集建议和意见，把这些建议当成分析的依据，从而发现市场机会。

②召开座谈会。可以召开一些企业内部人员座谈会、消费者座谈会、专家座谈会与销售人员座谈会等，多搜集各方意见，从中发现市场机会。

③德尔菲法。为了发现市场机会而去征求专家的意见。

④头脑风暴法。就是让所有的相关人员都聚集在一起，没有限制地让每个人都提出自己的想法，只要是有用的，哪怕异想天开也不能对其打击批评。通过这种方法可以收集到一些使用常规方法和常规渠道得不到的意见，从而发现市场机会。

2.采用产品与市场发展分析矩阵来发现和识别市场机会

我们可以将市场分为现有市场和新市场，而将产品分为现有产品与新产品，这样就会形成有四个象限的矩阵，企业在发现市场机会时就可以从这四个象限的满足程度上入手。第一象限由现有产品和现有市场所组成，企业主要是对需求进行分析，观察其是否得到了最大满足，是否存在渗透机会，而一旦发现市场机会，企业最先考虑的就是市场渗透策略。第二象限由现有产品和新市场所组成，而企业主要是对新市场中有没有企业现有产品存在需求的问题进行分析。对于第三象限来说，企业主要是对现有市场中是否仍存在没有被满足的需求问题进行分析。若是有，那么经过分析评估之后，这种市场机会如果满足企业的能力与目标，那么企业为实现需求就会开发出新的产品，而其采取的措施就是产品的开发策略。而对于第四象限来说，企业是为了分析新市场中是不是存在还没有被满足的需求。一般这类市场机会是在企业原有经营范围以外的，但又符合企业的发展目标，因而，企业相应采取的策略就是多角化经营策略。

3.聘用专业人员进行市场机会分析

企业在分析市场机会时经常会聘用兼职或是专职的专业人员。比如美国专营化妆品和剃须刀的吉列公司，就专门聘用了专业人员去研究妇女地位的变化会给未来几十年的家庭带来哪些影响，交给这些人的任务就是提出问题，而企业则在这些问题当中发现市场机会。

（二）确定企业使命

市场营销战略规划过程的第一项，就是基于企业的优势、劣势以及在综合分析评价市场机会中，确定企业的使命和目的。战略的核心内容是确定企业存在的目的、使命以及主要目标等根本性问题，即斯坦纳等战略学家所称的主战略。它突出强调了使命、目的等的极端重要性。因为，企业的任何战略规划或行动方案，都服从企业的使命和目的，可以说，市场营销战略规划是实现企业使命和目的的工具。

我们可以从广义和狭义两方面理解企业使命。广义的企业使命的出发点是企业的实际条件，其以消费者为导向，重点是为了对消费者的各种需要进行满足；而狭义的企业使命只是以产品为导向。一般来说，企业使命是对企业的基本设计、基本方向、基本任务的规定等，它是企业市场营销的基本信念。通常企业的营销使命就是回答如下问题，即我们为谁服务（市场区隔），生产经营什么，同谁竞争，用什么手段竞争，我们应该建立或发挥的优势是什么，成功的关键因素在哪里，我们的使命能否与我们的能力、愿望、机遇等相契合。例如，一家化学工业公司把基本使命定义为"满足粮食（农业）增长的需要"，一家生产吸尘器的公司规定其使命为"提供美化环境的工具"，美国通用汽车公司的使命是"生产交通工具，满足交通需要"。因此在这一使命之下，该公司生产了大、中、小各种类型的汽车。

论述企业的目的不是为了要说明企业需要生产哪种产品，而是要对企业应当满足消费者的某种需求进行说明。并且，经济学家经常假设追求利润的最大化才是企业经营的目的；但决策学派则认为，在现实经济生活中极大化是不可能的。通常企业追求的是满意的利润。这是从经济方面考虑企业的目的和目标的。社会学家则认为，企业是社会的细胞，为社会所创造和支持，它自当达成社会所期望的目标，企业的目的是协调内外部的营销环境。市场营销学家认为，企业的目的是通过提供产品和服务，将新的生活方式传播给社会大众，让消费者满意，从而获得各自的利益。

一般情况下，企业在成立之初时，它的企业使命还算是较为明确的，但随着时间的推移，当企业规模开始慢慢扩大，出现新产品和开始拓展新市场时，它的使命很可能会不适应新的环境。这也就表明了，企业使命并不是不发生变化的。不管是哪个企业，在对市场营销战略规划进行制定时，一定都要在对营销环境进行分析研究的基础上明确自己的使命。明确企业使命可以发挥下列作用：①企业使命为企业今后的发展指明了方向；②市场营销规划制定的前提就是明确企业使命。

（三）选择目标市场

在经过分析评估，以及选定符合企业资源和目标的营销机会后，还应进一步分析产业中的市场结构和市场容量，以便对可选择范围进行缩小，最后再选定企业为之准备好的目标市场。

所谓目标市场，是指在需求异质性市场上，企业按照自身能力所确定的欲满足的现有和潜在的消费者群体的需要。例如，某服务企业经过营销调研，决定生产和经营中老年服装，中老年便是它的目标市场的主体。有了明确的目标市场，企业才可提供适当的产品或服务，并按照目标市场的特点制定一系列的措施和策略，实施有效的市场营销组合，即目标市场营销。企业目标市场的选择正确与否，是关系企业生死攸关的大问题。

选择目标市场包含四个步骤：①测量和预测市场需求；②进行市场细分；③选择目标市场；④进行市场定位。其中，"货真价实""物美价廉""经济实惠""豪华高贵""技术先进""国内一流、国际水平"等，都可作为定位观念存在。

（四）确定市场营销组合

在确立了市场定位和选定目标市场后，市场营销管理的下一步就是对市场营销组合的确定，这也是作为现代营销学理论中的重要新概念存在的，提出者是美国哈佛大学的鲍敦教授，该概念提出之后就受到了企业界与学术界的广泛重视和应用。

市场的营销组合就是企业的综合营销方案，即企业在面对目标市场的需要时，对自己可控制的各营销因素进行综合运用和优化组合，使其能够扬长避短，充分发挥自身优势，最终获得更好的社会、经济效益。

企业可以控制的营销因素多种多样，一共可以分成几大类，最为常用的一种是由麦卡锡教授提出的，其将各种营销因素归为四大类，即产品（Product）、价格（Price）、地点（Place）和促销（Promotion）。并且因为这四个词的英文首字母都是"P"，再加上策略（Strategy），简称"4Ps"。因此我们所说的市场营销组合，就是这四个"P"的适当搭配和组合，同时也是现代市场营销观念中整体营销思想的体现。

市场营销组合主要具有下列几个特征。

①层次性。市场营销组合作为企业的多层次复合结构，其应当重视各层次因素的有效组合与灵活运用。市场营销组合是一个 4P 的大组合，4P 中又各自包含若干小的因素，形成各个 P 的亚组合，在每一个亚组合下还有更小的组合。企业在进行整体营销活动时，必须要对目标市场的需求予以明确，同时与内部各资源进行协调，充分考虑外部的环境因素，从而组成各种类型的市场营销组合，之后再选择出一个最好的。

②可控性。企业所有可控因素的组合即为市场营销组合。企业需要按照目标市场的需求，确立自身产品的结构，对产品价格进行确定，再选择促销方式和分销渠道等，对这些营销手段的运用和搭配，企业是有其独特自主权的，但这种自主权是相对而言的，必须使之与不可控制的营销环境相适应。安排可控因素的目的是使之与不可控因素相适应。

③整体性。市场营销组合并不是每个构成因素产生作用后的简单相加，而是因为各因素的相互配合，从而产生了整合效应，这是系统的整体作用，其效果大大超过简单相加。

④动态性。市场营销组合不是静态组合，而是动态组合。每一个组合因素都是在变化之中的，是作为变数存在的。市场营销组合的整体效果则是一个函数，而 4P 里每个项目的内容就是其自变量。不管其中哪个因素被改变，都会有一个全新的组合出现，它们的效果也会大不相同。

由此可见，市场营销组合在企业可控因素中具有多层次性、可控性、动态性和整体性的特点，它必须按照自身的各因素变化和不可控环境因素变化，从而自由地进行搭配与组合。

三、市场营销战略规划的重要性

市场营销战略规划也叫市场营销战略管理，是企业为了能在市场竞争中长期处于竞争优势地位而制定的战略，用来对企业的市场营销管理活动进行指导。

经济发达国家工商企业经营管理史上无数事例都证明，企业市场营销战略规划正确与否，是企业兴衰的关键。这是一个很重要的企业战略问题。下面将以福特汽车公司为例来阐明企业市场营销战略规划的重要性。

美国汽车大王亨利·福特于 1899 年、1901 年曾与别人合伙经营汽车公司，均因产品（高价竞赛车）不适合市场需求，根本无法销售而宣告失败。福特汽车公司创办于 1903 年，第一批福特车因实用、确保质量、定价合理，生意一开始就非常兴隆。1906 年，福特推出的车是面向富裕阶层的豪华型轿车，车体笨重，且多为订制，一般消费者买不起，结果销售量下降。1907 年，福特及时调整市场营销战略，实行"薄利多销"，于是提高了销售量。当时，全国性的经济衰退萌发，许多企业纷纷倒闭，唯独福特汽车公司生意兴隆，赢利 125 万美元。到 1908 年年初，亨利·福特按照当时消费者，特别是广大农场主的需求，做出了一种非常明智的战略性决策，即专注于生产价格低廉、统一规格且适合于当时消费者需要的"T 型黑色车"，并基于实施标准化而组织大面积生产。在这之后十余年间，福特车的销量果然持快速增长态势，最高一年达到 100 万辆。到 1925 年 10 月，福特汽车公司一天就能造出 9109 辆"T 型车"。在 20 世纪 20 年代中期的几年中，福特汽车公司的纯收入竟高达 5 亿美元，成为当时世界上最大的汽车公司。到了 20 世纪 20 年代中期，随着美国经济的增长和居民收入、生活水平的提高，形势又发生了变化：那时美国的公路已经四通八达，路面也已经得到了很大改善，美国的消费者开始追求时尚，"T 型车"虽然价格低廉，但是消费者已经不再买账，所以销售量也就随之下降了。但是，当时的亨利·福特并没有向市场现实屈服，而是坚持无论消费者想要何种颜色的汽车，他只生产黑色这一观念。而通用汽车公司却时时刻刻注视着消费者需求的动态变化，适应当时的市场需要，不断创新，推出新颜色、新样式的汽车，于是，通用汽车公司的"雪特兰"车开始排挤福特汽车公司的"T 型车"。1926 年"T 型车"销售量陡降，到了 1927 年 5 月，亨利·福特不得已停止了"T 型车"的生产而转向生产"A 型车"。通用汽车公司就在其改产时乘虚而入，对福特车市场的地盘进行了占领，从而成了汽车工业市场的领先者。

从上述事例中可以看出，在不断变化的动态市场上，市场营销战略规划正确与否是企业兴衰的关键。如果战略规划正确，即使规划实施得不好，经营管理有漏洞，效率不太高，也许尚能赢利；反之，如果战略规划不正确，战略性决策失误，就一定不利于企业的发展。而且，在动态市场上，企业要求得长期生存和持续发展，就必须善于不断发现市场机会和及时制定适当的市场营销战略规划，顺应市场变化趋势，使企业的经营管理与不断变化的市场营销环境相适应。

第二节　市场营销的战略管理

一、营销战略管理的根本任务

有人说，营销战略管理的任务主要是刺激消费者对公司产品的需求。而对营销者所承担的营销任务来说，这个说法就过于狭窄了，营销战略管理的任务是按照一种帮助企业以达到自己目标的方式来影响需求的水平、时机和构成的。换句话说，营销战略管理的根本任务实质上就是对需求的管理。这里将列出几种不同的需求状况和营销战略管理的相应任务。

（一）负需求

如果绝大多数消费者都对某个产品不仅没有需求，甚至感到厌恶，那么这个产品的市场便处于一种负需求的状态。如人们对拔牙、输精管切除和胆囊开刀等都有一种负需求，雇主对不讲理的和嗜酒成性的雇员也感到是一种负需求。在这种情况下，营销管理的任务是改变（或扭转）人们的抵触心理，使负需求转变为正需求。即对消费者为什么不喜欢这一产品进行分析，并且思考是否能够通过降低价格、重新设计产品和积极促销等方式改变消费者的信念与态度。

（二）无需求

无需求是目标消费者对某种产品毫无兴趣或者漠不关心。无需求形成的原因通常是消费者对新产品不了解，或者是新产品属于非生活必需品，消费者在没有见到时不会产生需求。此时营销管理的任务就是激发消费者的需求，设法把产品的好处与人的自然需要和兴趣联系起来，使无需求变为有需求。

（三）潜在需求

潜在需求是指消费者可能对某物有一种强烈的渴求，而现成的产品或服务却又无法满足这种需求，或者市场上存在某种产品，消费者有购买欲望但由于各种原因还处于观望和犹豫之中。例如人们对于无害香烟、安全的居住区以及节油汽车等有一种强烈的潜在需求。营销管理的任务便是衡量潜在市场的范围，开发有效的产品来满足这些需求；或者采取各种有效的营销手段来消除消费者的犹豫等，将潜在需求变成现实需求，以获得更大的市场占有量。

（四）下降需求

下降需求是指消费者对某产品的需求量呈现下降趋势。每个组织或迟或早都会面临市场对一个或几个产品的需求下降的情况。例如，教会发现它的教徒越来越少，中专学校的报考率越来越低等。面对这种情况，分析需求衰退的原因是营销管理首先要做的，之后再决定能否通过开辟新的目标市场，或改变产品特色，并采用更有效的沟通手段来重新刺激需求，通过创造性的产品再营销来对需求下降的趋势加以扭转。

（五）不规则需求

不规则需求是指产品在一定时间内需求量出现大幅波动的状况。许多组织都面临着每季、每天甚至每小时都在变化的需求。这种情况会导致生产能力不足或过剩的问题。例如，在大规模的交通系统中，大量设备在交通低潮时常常闲置不用，而在高峰时又不够用；平时去博物馆参观的人很少，但一到周末，博物馆却门庭若市；医院手术室通常在上半周忙得不可开交，可到下半周则无人问津；等等。此时，营销管理的任务则是调节需求，即通过灵活定价、灵活多样的促销方式和其他刺激手段来改变需求的时间模式，使需求与供给在时间上尽可能协调起来，尽可能地变不规则需求为均衡需求。

（六）有害需求

有害需求是指对那些有害于消费者、社会公众或者供应者利益的产品的需求。有害的产品将引起有组织的抵制消费的活动，而在这里，营销管理的任务是劝说喜欢这些产品的消费者放弃这种爱好。采用的手段有传递其有害的信息、大幅度提价以及减少或停止供应。

企业存在的价值在于能否提供满足消费者需要的产品，并将这些产品有效地送到消费者手中，以期获得相应的利润。而获得相应利润的诀窍就在于企业能否唤起消费者对本企业产品的消费欲望，这是企业存在的根本，而这恰恰也就是企业营销战略管理的内涵。因此，我们说，市场营销战略及其管理是企业管理中最重要的管理，是企业的第一大职能，企业的其他职能都必须也只能围绕这一职能展开。

二、市场营销战略管理概述

市场营销计划、组织、执行与控制是市场营销管理战略过程的重要步骤。市场营销计划需要借助一定的组织系统来实施，需要执行部门将企业资源投入市场营销活动中，需要控制系统考察计划执行情况，诊断产生问题的原因，进而采取改正措施，或改善执行过程，或调整计划本身使之更切合实际。因此，在现代市场经济条件下，企业必须高度重视市场营销的计划、组织、执行与控制。

（一）管理要求与管理过程

1. 管理要求

要想在市场竞争中取得优势，市场营销战略的管理必须把握好几个基本点。这里拟结合对"田忌赛马"这一实例的分析来阐述这几个基本点。

首先，要在整个战略分析中找到自己的比较优势。在"田忌赛马"中，田忌是存在劣势的，也就是他的马整体实力都不如齐王，但是他的上等马比齐王的中等马和下等马跑得快，中等马比齐王的下等马跑得快，这就是他的比较优势，而田忌就是利用了这种优势赢得了比赛。同样，在市场竞争中，企业的整体竞争力如果在对手之下的话，如果可以想办法从理性和正确的角度分析市场，找出并利用局部的一些比较优势，那么是能够取得胜利的。

其次，就是学会对竞争规则与信息进行全面掌握。"知己知彼，百战不殆"，如果齐王的出马顺序没有被田忌猜到，或是在齐王对田忌的出马顺序也有一定了解的情况下，那么获胜的将不会是田忌。因此，田忌获胜的其中一个原因还有这种信息的不对称性。

此外，确定好的游戏规则也能对竞争的胜负起决定性作用。"田忌赛马"中，田忌采用孙膑的计谋，说服了没有有效信息的齐王采用对抗赛的形式，同时竞争的胜负标准为"三比二胜"，最终使其取得比赛胜利。但若是齐王因为信息对称从而将游戏规则改变，如采用接力赛的形式，那么结果将是齐王获胜。这就像是企业界所流行的定律，即"三流的企业做产品，二流的企业做品牌，一流的企业做规则"，其最高的境界就是"做规则"。

再次，要制定能充分发挥自身优势的战略方法。田忌选择局部放弃而集中优势资源去做自己强项的竞争战略，从而取得了全局的成功。并且，田忌与齐王相比，在赛马问题上无包袱拖累，这也是其获得胜利的原因之一。田忌身居齐王下级，赢则胜，输也无所谓败，可以放开一搏。虽然齐王从各方面来看竞争优势明显，却因其劣势而败北。这样的例子在企业竞争中可谓数不胜数，很多具有明显竞争优势的企业由于包袱太重而在竞争中业绩平平。我们可以看看改革开放初期的中国大部分国有企业，其多年的经营使其在人才、资金、装备、核心技术等方面明显优于刚刚起步的私立企业，但其受决策缓慢、企业历史欠账太多、企业办社会的包袱太重等劣势拖累，而在市场竞争中频频败于同行业私立企业。

最后，要有相应的优势资源及资源整合与管理能力。"田忌赛马"中，如果孙膑没有为田忌出谋划策，或是田忌没能让孙膑来帮助他，那么也就不会有正确的竞争方略存在，其面临的结果很可能是失败的。在整个这一赛马过程中，田忌的策略创新能力、资源优化配置能力和人才管理能力都充分地表现了出来。哈佛大学的知识管理专家利维曾说过一句话，就深刻揭示了这一道理，即"没有管不好的企业，只有管不好的企业的人"。

2. 管理过程

企业、部门与营销业务单位在营销管理过程中应体现一体化，营销战略管理工作开始于各项业务展开之前。研究证明，营销管理包括分析营销机会、规划营销战略、计划营销方案以及组织、执行和控制营销战略。

营销分析包括企业营销环境分析、内部条件分析、市场分析和消费者购买行为分析等，营销规划包括市场细分、目标市场选择、目标市场定位、营销战略设计等，营销方案计划包括营销组合策略、直接营销、消费者关系管理等，营销执行与控制包括营销组织设计与建立、营销执行过程管理和营销过程控制等。

企业在营销战略管理过程中，必须坚持以下四条思维主线。

①营销战略管理的根本任务是对需求的管理。其是按照一种帮助企业达到自己目标的方式来影响需求的。也就是说，企业营销管理是在了解、掌握需求的基础上引导、刺激和控制需求，进而满足需求的。

②执行营销任务要通过分析、规划、计划、执行和控制来进行。在企业营销战略管理中，营销分析、营销规划与计划、营销执行和营销控制贯穿始末，这是营销管理能够成功进行的基本保证。

③规划与计划是关键。在企业营销战略管理中，营销规划是关键。在营销规划中，企业营销战略管理者必须就有关目标市场、市场定位与竞争等战略问题，以及产品、价格、分销、促销等策略问题做出正确规划，并制订出科学、合理和详尽的工作计划。

④分析是基础，执行与控制是重点。营销分析是企业营销管理工作的基础，企业营销管理各项工作特别是营销规划与计划的正确开展都建立在正确、详尽的营销分析的基础之上。营销执行是使营销规划与计划的内容得以实现的基本途径。营销控制是保证营销执行体现营销规划意图的必要手段。

（二）营销计划

1.营销计划的内容

不同企业的市场营销计划详略程度不同，但多数市场营销计划包含以下几个方面的内容。

（1）计划概要

营销计划要形成正式的文字。在计划书的开头便要对本计划的主要营销目标和措施做简要概括。做简要概括的目的是使高层主管很快掌握计划的核心内容。

（2）目前营销状况

在计划书中应说明近年来各主要产品品种的销量、价格、获利水平等；应说明谁是主要的竞争对手，每个竞争对手在产品品质、特色、定价、促销、分销等方面都采取了哪些策略，它们各自的市场占有率及变化趋势；应说明各主要经销商近年在销售额、经营能力和市场地位方面的情况。

（3）机会与威胁分析

机会，指营销环境中对企业有利的因素；威胁，指营销环境中对企业不利的因素。找出这些因素，并分出轻重缓急，以便使其中较重要的因素能受到特别关注。评估环境机会可从两方面进行：一是看吸引力，即潜在的获利能力；二是看成功的可能性。同样，对环境威胁也可从两方面进行评估：一是可能带来损失的大小；二是威胁发生的概率。除了机会和威胁分析外，计划书中还有必要对企业的优势和劣势做出分析。与环境机会和威胁相反，优势和劣势是内在因素，反映企业在竞争中与对手相比的长处和短处。优势指企业可以利用的要素，如高质量的产品；劣势指企业应加以改进的部分，如公关宣传不得力。

（4）拟定营销目标

营销目标是营销计划的核心部分，将指导随后的营销策略和行动方案的拟定。营销计划目标分为两类，即财务目标和市场营销目标。财务目标主要由即期利润指标和长期投资收益率目标组成。财务目标必须转换成市场营销目标，如销售额、市场占有率、分销网覆盖面、单价水平等所有目标都应以定量的形式表达，并具有可行性和一致性。

（5）营销策略

每一目标都可通过多种途径去实现，营销经理必须从各种可供选择的策略中做出选择，并在计划书中陈述，包括目标市场、产品定位、市场营销组合策略及新产品开发和营销调查方面的计划。

（6）行动方案

有了营销策略，还要转化为具体的行动方案，如何具体着手做、何时开始、何时完成、由谁做、将花费多少等，这些都要按时间顺序列成一个详细且可供实施的行动方案。

（7）预算开支

根据行动方案编制预算方案，收入方列出预计销售量及单价，支出方列出生产、实体分销及市场营销费用，收支差即为预计利润。上级主管部门负责该预算的审查、批准或修改，一旦批准，此预算即成为购买原料、安排生产、支出营销费用的依据。规定如何对计划执行过程进行控制，基本做法是将计划规定的目标和预算按季度、月份或更小的时间单位进行分解，以便于主管部门能对计划执行情况随时监督检查。营销计划是一个完整的、复杂的体系，它既涉及一定的时间、空间，又包括计划的类别、指标、核算、信息的搜集与反馈等问题。

2. 营销计划的制订

（1）营销计划的实施及存在的问题

在进行市场营销时，其实施内容是将市场营销计划朝着市场营销业绩的"中介"因素进行转化。如果不能实施，那么再好的计划也只是"纸上谈兵"。市场营销计划的实施，涉及相互联系的四项内容。

①制定行动方案。为了市场营销计划的顺利实施，相关人员要先制定出较为详细的行动方案。并且在这一方案中，还要对市场营销计划中的关键性措施、任务等予以明确，并将任务分配给小组或个人。方案还应包含具体的时间表，即每一项行动的确切时间。

②调整组织结构。在实施市场营销计划过程中，组织结构起着决定性的作用，规定了明确的职权界限和信息沟通渠道，有助于协调企业内部的各项决策。组织结构应当与计划的任务相一致，同企业自身的特点、环境相适应。

③形成规章制度。为确保计划的有效性，就必须要有规章制度的存在。而在这样的规章制度中，一定要对与计划相关的各岗位与环节加以明确，同时，还要明确人员的权、利、责等要求，以及奖惩与衡量条件。

④协调各种关系。为了实施有效的市场营销计划和战略，组织结构、行动方案和规章制度等一系列因素，一定要积极配合，协调一致；然后，分析计划实施中的问题与原因。在市场营销计划的实施过程中，会出现一些这样那样的

问题，以至于好的市场营销管理战略、策略战术并不能带来同样好的业绩。据分析，主要有以下原因。

首先，计划脱离实际。市场营销计划通常由上层的专业计划人员制订，实施则主要靠基层的操作人员，也就是管理人员和销售人员。专业计划人员更多考虑的是总体方案和原则性要求，很容易对过程、实施中的细节有所忽视，导致计划最后流于形式或是太过笼统；同时，专业计划人员缺少和基层操作人员的沟通与交流，因此使基层操作人员对他们想要执行的计划任务不能很好地进行理解，在实施中的困难也会由此加大。最终就会由于计划没有很好地联系实际，专业计划人员与基层操作人员对彼此不够信任，形成对立局面。因此，不能仅仅依靠专业计划人员制订计划，可行的做法之一，是专业计划人员协助有关市场营销人员共同制订计划。基层操作人员可能比专业计划人员更了解实际情况，将他们纳入计划管理过程，更有利于市场营销计划的实施。

其次，长期目标和短期目标相矛盾。计划常常涉及企业的长期目标，对于具体实施计划的市场营销人员，企业通常是按照他们短期的工作绩效进行评估和奖励的。因此，市场营销人员常常不得不选择短期行为。想要克服这种长期目标和短期目标之间的矛盾，设法求得两者之间的协调，是一项十分重要而且艰难的任务。

最后，因循守旧的惰性。一般来说，企业当前的经营活动往往是为了实现既定的目标，新的战略、新的计划如果不符合传统和习惯，就容易遭受抵制。新旧战略、计划之间的差异越大，实施中可能遇到的阻力也就越大。要想实施与旧战略截然不同的新计划，常常需要打破传统的组织结构和运行流程。例如，为了实施老产品开辟新市场的计划，企业就可能需要重新组建一个新的机构。

（2）制订营销计划的原则

①系统性原则。企业是一个由销售、生产、财务、人事等众多子系统构成的大系统。这些子系统相互联系、相互影响，对营销目标的实现起着重要作用。在制订营销计划时，不能孤立考虑问题，就事论事，而应全面、综合地考虑问题，使营销计划与其他部门的计划协调一致。此外，企业作为一个系统，还具有开放性的特点，它与外部环境有着密切的联系，环境的变化会直接或间接地影响企业的营销活动。因此，在制订营销计划时，应充分考虑到环境对企业营销活动的影响，在环境许可的范围内，最大限度地发挥自身的主观能动性。

②灵活性原则。营销计划是关于未来营销活动的行动方案，而未来充满着事先难以预料的不确定因素。因此，在编制营销计划时，一定要留有余地，保持一定的灵活性。在营销计划执行过程中，更应适应环境的变化和分析不确定

因素，对原定计划加以修订或调整。要尽量制定几套计划方案，做好多手准备，做到有备无患，以应付意外事件。

③连续性原则。所谓连续性，是指市场营销计划要前后衔接。为了保持计划的连续性，中期计划的制订必须以长期计划为指导，与长期计划相衔接；短期计划的制订必须以中、长期计划为指导，与中、长期计划相衔接。现在一些企业常采用滚动计划法来解决短期计划、中期计划和长期计划彼此之间互相衔接的问题。具体做法是：第一，按照近细远粗、远近结合的原则，制订一个五年计划，其中，第一年的计划即具体的年度计划，第二年、第三年的计划比较细，第四年、第五年的计划比较粗；第二，每年根据变化了的情况，对上一个五年计划进行一次检查、分析、修改或调整，采取连续滚动的方法，编制新的五年计划。

（3）营销计划制订的过程

首先，拟订营销计划的整体步骤，思考下列问题。

①本企业开发市场的目标在哪里。

②本企业想开发及营销何种产品。

③本企业的潜在消费者有哪些、消费者都在什么地方、其购买力和收入情况怎样。

④产品的分销过程现在是怎样的。

⑤如今产品是由经销商还是业务代表销售。

⑥产品的定价应当如何安排。

⑦竞争者需要怎么做。

⑧本公司的市场占有率如今是什么样的情况。

⑨曾经是否对营销计划进行过制订；为什么会成功、为什么会失败。

其次，展开市场研究。如果第一步骤的很多问题没有被公司营销企划人员找到合适具体的答案以及找到解决的方法，那么就应先将市场研究方面的答案找到。在必要时，还可以在专业的市场调查公司与市场研究机构的帮助下找寻答案。当然，不管研究的结果是什么，都要记住一切都要以公司的目标为主。

最后，拟订营销计划，主要有以下几点。

①对营销目标进行确立。

②将产品效益、特性、定位以及产品能对消费者的什么需求进行满足等进行阐述。

③对消费者的形态、基本特征和区域分布情况加以描述。

④对产品的分销过程进行有效规划，也就是货物流通的实体分配情况。

⑤对目前的定价过程、依据等进行说明，提出价格需要变化的原因或是价值维持不变的原因。

⑥拟订分销通路。

⑦拟订产品促销的整体组合策略。

⑧将本项营销计划中竞争因素会产生何种影响指出来。

⑨说明目标市场的同行竞争态势，并拟订战略竞争对手的具体方案。

⑩设计整体营销管理战略系统与竞争性营销策略企划。

（三）营销控制

1. 营销控制的作用

（1）调整差距，保证计划顺利执行

这一作用是在营销控制中最为基本的，同时也是作为实行营销控制最主要的原因存在的。在执行企业营销计划的过程之中，往往会发生计划和现实不一致的状况，而原因就是企业对计划的制订一般都是基于对未来的预测，但未来的环境大部分是我们未知的，因此总会或多或少地出现偏差。此外，在实际执行计划的过程中，还经常会出现很多没有事先预料到的变化，再加之计划和环境因素是相互作用的，因此，计划和现实也由此产生了距离，而这时解决的方法就是营销控制。要先明确是什么原因导致问题的产生，然后再对症下药，采取必要措施将已经脱离实际的计划予以修正，从而提高效率，改进工作，确保计划能够往下进行。

（2）发现问题，避免事故

在企业市场营销活动中，贯穿其始终的就是企业管理中的营销控制，同时它还对营销活动的每个环节都进行了跟踪，这样一来，就能够及时发现问题，从而采取有效的措施，防止事故的发生。比如控制新产品开发进度，再严格进行筛选和层层把控，提升新产品开发的成功概率，防止在会失败的产品项目上浪费巨额的资金；控制获利性，可以在产品和市场中将有限的资金发挥出最大效益，让企业始终保持较高盈利，以获得更多经济效益；还要保证产品的质量，尽量满足消费者提出的所有合理需求，这也可以提高企业的形象。

（3）监督激励，提高效率

营销控制能够监督企业全体员工以及各部门的工作情况，进一步发现都有哪些员工的工作效率是较高的，哪些部门的工作完成得最好。企业还可以实行奖惩制度，充分调动员工的积极性，鼓励他们将企业的营销目标作为奋斗目标而努力实现。虽然营销控制有很重要的作用，但还是有许多企业不注重进行营销控制。有一些企业只是偶尔才实行控制；而有的企业没有确定自身的营销目标是什么；甚至有的企业还没有对营销控制进行完全掌握。

2. 营销控制的步骤

（1）确定控制对象

对控制对象的确定，也就是明确应当控制哪些营销活动。如果企业的控制范围相对广泛，就可以获取到更多的有效信息，这样也能更方便地进行营销管理。但不管是什么控制活动都离不开使用费用，因此，在明确控制对象到底是谁时，应该先考虑到结果的好坏，保证控制活动带来的效益大于控制成本。

常见到营销控制对象有三个，即销售成本、销售收入和销售利润。此外，还有其他营销控制对象，如销售人员的工作效率、市场调查的效果、广告效果与新品开发等，并且企业在选择控制对象时要按照实际情况进行。

除了要对控制对象进行确定外，还应该确定控制频率。一般情况下，那些容易摆脱控制的、有重大影响和极易出问题的对象，对他们的控制频率应当加大。

（2）确定衡量标准

企业的营销目标在一般情况下是作为衡量营销控制的标准存在的，如销售增长率、市场占有率、利润率和销售额指标等。在控制销售过程期间，问题会变得相对复杂，因此就需要有一套相关标准存在，如让各时期的阶段目标代替长期的目标，或是将战略目标进行分解，形成各个战术目标等。每个企业的具体情况、营销目标都不相同，因此营销控制标准也都不同。

（3）确定控制标准

控制标准就是对标准定量化的衡量，也就是将控制对象可接受的活动范围和预期活动的范围通过衡量尺度进行表示。比如，公司规定了推销员每人每年都要增加30名新消费者,同时对他们每次访问消费者的费用标准也进行了规定。企业对控制标准的制定一般是可以有上下浮动的，并且注意因人而异、因时制宜和因地制宜，通过建立绩效标准而充分考虑人与人之间的差别，考虑到每位推销员的实际情况不同。企业不可能要求每位推销员的销售额和利润都是一样的，这就需要为不同情况下的推销员制定出适合他们的、合理的标准。

（4）确定检查方法

在对控制标准进行确立后，就要开始比较控制标准和实际结果了。检查的方法一般有访问法、直接观察统计法和问卷调查法等，具体的要按照实际需要进行选择，同时检查可以参考企业营销信息系统中所提供的各种信息。在检查中还要注意，不管是何种检查，都必须在一定范围内进行。

（5）分析偏差原因

执行结果和计划产生偏差的情况是很常见的，只有对具体情况进行深入了解，找寻到问题症结在哪里，才能进一步确定产生偏差的原因。如果一个部门并没有按规定完成计划，那么可能会因为某一产品的亏损而导致整个部门的盈利受到影响；如果是因为定额过高，那么可以进行适当调整；而推销的效率偏低，则可能是因为推销员的组织机构不合理。

（6）采取改正措施

针对各种问题的出现，应当采取相应的措施进行补救，而营销控制的最后一个步骤就是提高工作效率。有的企业在制订计划的同时还提出了应急措施，在实施过程中，一旦发生偏差可以及时补救。很多企业事先没有预定措施，这就必须根据实际情况，迅速制定补救措施加以改进，以保证计划目标顺利实现。

（四）营销执行

营销执行是指将营销计划转化为行动方案的过程，以实现计划的既定目标。营销执行所要解决的问题是"在什么时候做""由谁去做"和"怎样做"。

1. 影响营销计划有效执行的主要因素

美国学者托马斯·波诺马在研究了若干个营销组织的营销执行情况后，认为影响营销计划有效执行的因素有以下四个。

（1）营销诊断

美国一项营销研究表明，企业营销管理战略、战术之所以没有获得成功，是因为没有得到有效的执行。企业营销管理人员常常难以成功地把握或诊断营销管理战略、战术执行中可能出现的问题。例如，低销售增长率，对此需要诊断是由战略欠佳造成的，还是执行不当的结果。此外，还要具体分析确定出了哪些问题、如何修正解决等，可以设计不同方案和行动路线，即有多种不同的组合，从中选出最优化的方案或组合。

（2）对问题存在的层次做出评估

企业营销工作执行中的问题可能发生在不同的营销管理层次上。因此，准确无误地判断问题产生于什么环节、哪一层次是营销执行的重要任务。一般来说，企业营销执行往往在三个层次上出现失误或问题。一是在营销功能方面，如推销、广告、分销渠道的选择及营业推广方式的选择等。例如，在竞争者产品具有较高知名度的市场上，企业应如何选择产品以及确定最佳的营销组合。

二是在营销规划方面，在这一层次上，执行者需要把各种重要的营销功能与要素协调一致地组合在一起，从而构成企业最佳整体营销活动状态。三是在执行营销政策方面，企业营销决策部门应使全体员工了解和正确认识组织的营销观念、营销政策导向及具体的分配、招聘、鼓励销售的政策等。

（3）评价执行的结果

评价营销执行的结果，不能仅根据销售额和利润指标来衡量。一个卓有成效的营销执行活动，应能对下述问题做出回答：营销活动是否具有明确的目标和主题；各项营销功能的整体协调性，即企业营销规划作为一个整体，在执行中各部门及营销人员的整体协调状况如何；市场营销经理与有关营销人员、消费者及商界的关系处理得是否恰当等。

在企业营销管理中，要把营销管理战略和营销执行对营销效果产生的影响区分开来，这是一个非常棘手的问题，又是一个十分重要的问题。因为对二者的划分与评估将更有效地提高全盘营销绩效。

2.营销执行过程

（1）制定行动方案

为了实施有效的市场营销管理战略，制定出的行动方案一定要尽可能详细。应注意，这一方案要明确市场营销战略实施的关键性任务与决策，还要把这些任务与决策都一一落实在小组或个人当中。此外，还应当包含具体的时间表，对行动的确切时间予以确定。

（2）建立组织结构

在市场营销执行过程中，适宜的组织形式具有决定性作用。通过建立组织结构，在具体部门中，将战略实施的任务分配下去，明确规定各自职权界限和信息沟通渠道，对企业内部的各项行动和决策进行协调。企业的战略不同，表明其需要建立的组织结构也不同，即组织结构和企业战略必须是一致的。同时，还要发挥好协调作用。

（3）设置决策和报酬制度

为了更好地实施市场营销管理战略，企业还应设置一些相应的决策与报酬制度，这些制度与战略实施情况有着直接联系。对于企业的报酬制度而言，如果其标准是短期的经营利润，那么管理人员也会随之向短期化偏移，而他们对于为了长期战略目标而努力的积极性也会逐渐消退。

（4）开发人力资源

市场营销管理战略的执行者最终由企业内部的工作人员担任，因此开发人力资源就显得极为重要，其中涉及人员的选拔、考核、安置、激励以及培训等问题。在选择管理人员的过程中，应当注意将各项工作分配给合适的人，做到知人善用；并且为了提升员工的积极性，还要对工资、福利等各项奖惩制度做到进一步的完善。同时还要注意，在不同的战略要求中，管理者的能力与性格也要不同，比如，"拓展型"战略需要的是具有冒险精神和创新意识的人，而"维持型"战略需要同时具有组织和管理方面才能的人。

（5）建设企业文化

在一个企业内部，全体人员共同持有与遵循的基本观念、价值标准与行为准则等就是企业文化。企业文化决定企业的领导风格与经营思想，以及企业员工的工作态度与工作作风。企业文化中主要包含五个要点，分别是企业环境、模范人物、价值观念、文化网和仪式。

总而言之，企业文化主要是在一定环境中慢慢形成的一种基本信念与共同价值标准，而通过模范人物的塑造是可以体现出这些信念和标准的，同时还通过正式、非正式组织加以树立，并进行强化和传播。因为在企业文化中是存在着集体荣誉感和责任感的，这些甚至还关系到企业员工所追求的人生目标与人生观，还能起到将全体员工融合到一起的作用。因此，企业战略在执行过程中最不能缺少的一环就是塑造与强化企业文化。

三、营销安全战略管理

（一）营销安全管理机制

1.营销安全管理组织化

自20世纪90年代以来，无论是中国本土的小企业，还是国际市场上的跨国集团，很多都遭遇危机的。随着危机管理理论的成熟与企业危机管理实践经验的丰富，很多企业开始设立危机管理组织，诸如企业危机管理委员会，并且很多企业都由首席执行官（CEO）亲自挂帅，下辖公关、品牌、销售、财务、服务等部门协调作战，全面负责危机处理事务并对董事会负责。甚至有些企业还邀请第三方顾问公司介入，对企业进行"体检"或实施危机公关。同时，很多企业还编制了危机管理手册，制定了危机管理预案，但是大部分企业的营销安全管理工作还有待完善。多数企业的实际情况是营销安全组织形同虚设，职能缺失。当然，无法否认很多企业为营销安全所做的努力。虽然一些企业并没有把营销安全这个词语挂在嘴边，但在实际行动上有所体现，诸如企业营销系统往往要设立战略规划、市场策划、市场开发、市场监察等部门，实际上也是在为营销安全保驾护航。

2. 营销安全管理业务流程化

营销安全管理的业务流程主要包括四部分，即业务联系主线、业务功能模块、模块职能实现、工作步骤描述。实际上，无论是营销安全管理部门内部各小组之间，还是与外部其他部门的业务联系，都必须有合理、高效、低成本的业务流程。企业的业务流程关键在于成本、质量、服务等方面能够不断得以改善，使得企业能最大限度地适应以消费者、竞争、变化为特征的现代企业经营环境。并且，营销安全管理业务流程反映企业的反应能力、运作效率以及抗危机能力，需要企业根据实际情况不断地进行优化。

3. 营销安全管理制度化

企业管理制度作为一种管理规范，是在企业生产经营活动中的企业员工必须共同遵守的规定与准则。其中，企业管理制度的表现形式与组成包含了企业职能部门划分、组织机构设计、职能分工、专业管理制度、岗位工作说明等管理程序文件。企业制定管理制度，就是要求员工按照企业经营、生产、管理相关的管理规范，在职务行为上的行动要一致。因为若是没有一个良好统一的规范性企业管理制度，那么在企业管理制度体系运行下，企业就不可能实现其发展战略，包括安全战略。在机制的形成上，制度的作用更加直观，制度用于明确各组成部分的内在联系，只有按规范运营，才能有序而不乱。营销安全管理必须加强制度化建设，包括营销安全管理组织的责任、权利和义务，组织内各小组的责任、权利和义务，工作人员的岗位责任，营销安全管理组织日常运营规章制度，组织内各小组对内及对外业务联系流程等。建立营销安全管理制度要强调几个关键点：一是规范，规范意味着制度合理合法、权责明确，只有具有一定的规范性才能发挥管理制度的作用；二是公示，制度必须公开，这样才能发挥约束、激励等作用；三是执行，实施有效的监管。任何一个成功的企业背后，一定有着规范性与创新性。

4. 营销安全管理文化化

企业文化是指一个企业中各个部门，至少是企业高层管理者所共同拥有的那些价值观念和经营实践。企业文化，亦被称为组织文化，是一个组织由其价值观、处事方式等组成的企业所特有的文化形象。企业文化旨在培养团队从理念到行为的统一与习惯，实现从理念到行为的完美统一。如今，很多企业都具有危机意识。比尔·盖茨曾说："微软离破产只有 18 个月。"奇瑞汽车有限公司董事长尹同跃说："奇瑞离破产只有 18 天。"再如，全球第一大中文搜索引擎百度的 CEO 李彦宏永远有一种危机感："百度离破产只有 30 天。大家之所以看好搜索市场就是因为它的成长速度非常快。成长也是变化的一种，如果不能及时把握市场需求的变化，就会被淘汰。"

（二）营销危机的应对和补救

1. 营销危机的应对

（1）真诚面对，积极行动

很多企业危机的出现就是由于没有真诚面对，并积极行动，才使一般事件上升为危机。有关研究结果表明，90% 以上的危机恶化都与企业采取了不当的态度有关。出现问题后，不同的企业表现出了不同的态度：一些企业表现出了固执与傲慢，也有很多企业表现出了冷淡与麻木，还有企业进行否认与狡辩，更有企业诋毁或攻击它们眼中的"好事者"。出现问题后采取回避与沉默的态度更是不可取，这样只会加速危机恶化。

（2）查明真相，公布结果

有时的确是由于企业自身导致了问题的出现，不过，有时企业也是一个被冤枉者，甚至是一个被陷害者。无论是哪种情况，企业都有责任与义务快速查明真相，并把真实的结果公之于众。否则，在没有查明真相的情况下，企业就难于制定具体的解决方案。在没有证明产品品质有问题的情况下，就匆忙把产品下架或实施产品召回，这也是企业对自己的不负责。这样不但容易造成销售商的损失，以及增加渠道成本，更容易让人产生误解。在此需要强调事实真相，强调客观、公正、真实，能够让各种社会力量信服。为此，企业可考虑让第三方介入，即让权威机构、权威人物（专家）、权威媒体介入事件真相调查。企业尽量不要让与企业有利益关系的第三方介入，如产品代言人，即便介入也未必会产生理想的效果。

（3）制定方案，积极执行

虽然企业可能事先已经制定了危机应对方案，但实际情况往往要比预想的复杂得多，恰是"计划没有变化快"。这就要求企业快速制定危机应对方案，并就危机应对方案尽快与各种社会力量进行沟通。应对方案包括两部分内容：一部分是就本次危机做出的解决方案，即针对当事人的解决措施；另一部分是为杜绝此类危机出现而做出的整改性方案，即针对潜在风险与危机的解决方案。通过这两个方案，要让各种社会力量看到企业解决问题的力度与决心。为解决现有矛盾，企业可以考虑以下两个思路：第一个思路是转移矛盾；第二个思路是直接解决矛盾。这就要看解决方案的力度了。力度体现在三个方面：一是权威机构、权威人物、权威媒体能够参与到危机处理中来；二是拿出具有震撼性且能够改变各种社会力量态度的措施；三是企业领导在关键时刻出面并拿出令人满意的解决方案。通过与当事人沟通，在达成解决危机的共识后就要快速执行方案。针对当事人的诉求可以采取道歉、物质补偿、精神补偿等方式予以安抚。

（4）借势借力，巧妙提升

危机公关也有基本目标与至高目标，基本目标是降低危机所导致的经济损失，防止品牌形象受损并最大化修复，保持良好的外部经营环境。实际上，大多数企业能做到这一点已可以算是成功的危机公关了。而至高目标则是借势借力，巧妙提升，把危机转化为机会，这是完全可能的。特别是在某些行业性危机中，有的企业在痛苦挣扎的同时，却总有一些企业能突破重围，飞速发展。不过，这就要求企业不但在化解危机的过程中有出色的表现，在危机过后也要有恰当的举措，使品牌形象得以提升。

2. 营销危机的补救

当危机"扫荡"企业之后，有些企业的命运是不可逆转的，最终走上的是"不归路"，这是由危机的性质与后果决定的。当危机出现时，不管企业反应再迅速、危机公关处理得再恰当，其也一定会承担一定程度的经济损失。博士伦首席执行官罗纳德·扎雷拉估计，博士伦在全球召回水凝护理液并永久停售将使公司损失 5000 万美元到 7000 万美元，虽然付出了牺牲短时利润的代价，但此举无疑帮助博士伦最终赢得了消费者。

当然，经济损失的构成是多元的，诸如因销量下滑造成的损失、因赔付（包括物质、精神赔付）造成的损失、为实施危机公关而产生的公关费用等，并且经济损失还有一定的延续性，因为哪怕是危机过去了，也并不能说明企业就得到了全面、快速的恢复，恢复的时间可能最少也要一个周期。

如果企业营销的关系环境不能及时"重建"，可谓危害无穷，诸如，被竞争对手乘虚而入，抢占市场，甚至这些危机还会影响到产品线上的其他产品，乃至品牌。

第四章　新时期消费者市场及其行为分析

消费者市场和消费者行为有多种特点，市场营销需要充分分析消费者市场和消费者行为，以帮助企业做出正确的决策，使企业获得更大的利润。本章分为消费者市场概述、消费者购买行为类型与购买模式、影响消费者购买行为的主要因素以及消费者的购买行为与决策四部分。

第一节　消费者市场概述

一、消费者市场的定义

消费者市场指个人或家庭以生活消费为目的的购买产品和服务的市场。产品和服务流通的重点是生活消费。因此，消费者市场即最终产品市场。

企业的营销行为必须以消费者需求为中心来设计和筹划，企业应分析和了解消费者的购买行为。根据购买主体的不同，市场可以分为消费者市场和组织市场两类。本节的主要内容是分析消费者市场的购买行为。

消费者市场是由为个人消费而购买或取得商品和劳务的全部个人和家庭组成的。消费者市场上的购买行为主体即狭义的消费者——个人和家庭，他们有着自己独特的行为特征和规律，这也恰恰是需要认真分析的内容。

二、消费者市场的特点

消费者市场由个人和家庭构成，且为生活消费需要而购买商品，这就使得消费者市场与组织者市场相比具有许多鲜明的特点。

（一）小型购买

消费者的购买，绝大多数属小型购买。在现代社会这一特点尤为明显，主要是因为在现代社会中家庭规模日益缩小。针对此,消费品包装、产品规格也必须适当缩小,以适应消费者的需要。

(二)差异性大

消费者市场有显著的差异性。消费者市场将每一个居民都涵盖其中,涵盖范围非常广泛,涵盖的人数非常多。其中的消费者由于年龄差异、经济状况差异、气候条件差异、文化背景差异、教育水平差异以及心理状况差异等表现出很大的差异性。

因此,工商企业在对生产和货源进行组织时要对市场进行详细划分,不能将消费者市场作为一个整体来对待。

(三)多次性购买

消费者的购买属于多次性购买,这种购买方式和小型购买的特点有密切关系。在现代社会,消费者的家庭规模逐渐缩小,家庭住宅朝着公寓化发展,家庭的储存空间受到限制,因此消费者的单次购买量比较小,需要多次重复性购买,而不能像企业购买生产资料一样单次购买很多。

(四)广泛性和复杂性

从消费者构成看,消费者市场是一个极为广泛、复杂、多样的市场,生活中几乎任何人都要发生消费行为或消费品购买行为,被消费者市场涵盖其中。

因此,消费者市场人数非常多,范围非常广泛。消费者的年龄、性别、职业、经济情况、活动范围、受教育程度不同,而且个性、生活方式、爱好和习惯也不同,购买的商品也各不相同。

(五)易变性和发展性

消费需求有追求新颖和个性的特点,这就要求企业在种类和款式方面不断创新,带来新颖感,消费者不喜欢没有变化的产品。消费者对新产品、新款式的追求会形成社会风潮,这是消费心理变化的具体反映。

消费者市场还呈现出"发展性"的特点,即在社会生产力不断解放和技术进步的前提下,消费市场上不断出现新产品,消费者的经济收入随着社会发展不断提高,消费需求也呈现出从少到多、从粗放到精细、从低级到高级的发展趋势。

易变性和发展性都是消费需求变化的反映。易变性反映的是消费需求的偶然性和短期性变化,是和科技发展关系不紧密的变化;发展性反映的是消费需求的必然性和长期性的变化,是与科技进步有关的变化。

（六）分散性

从交易的规模和方式看，消费者市场是一个交易数量小、交易次数频繁、交易地点分散的市场。消费者以个人或家庭作为购买单位，经济收入和经济支出都十分有限，个人和家庭储存商品的空间有限，不能购买大量的商品长期储存，个人和家庭的商品消耗量不大。同时，现代市场的商品非常丰富，消费者能便捷地买到需要的商品，不需要大量储存商品。

（七）地区性和季节性

生活在相同地区的消费者在生活习惯、经济水平、购买商品的偏好等方面会呈现出相似之处，生活在不同地区的消费者的消费行为的差异性则非常明显。

季节性特点具体有两点表现。一是随季节变化引起消费，如秋冬季节防寒衣物和电热毯等商品销量上升、春夏季节冰箱销量上升。此外，水果销量的季节性差异也非常明显。二是风俗习惯和传统节日引起季节性消费，如端午节期间粽子销量上升、中秋节期间月饼销量上升。

（八）伸缩性和替代性

消费者的经济收入、生活方式、商品的价格和储蓄利率对消费需求的影响比较大，对购买数量和购买商品的品种选择也有一定的影响，具体表现为需求弹性和伸缩性。消费者的经济收入增加会提高商品的销量，经济收入减少则会使商品销量降低。商品价格提高和储蓄利率提高时消费者会减少消费行为，反之则增加消费行为。同时，在商品种类繁多，不同品牌或不同商品之间可以相互代替的情况下，消费者会根据自身的购买力进行选择。

（九）情感性和非专业性

从购买行为主体看，消费者市场的购买一般属于非专业性购买。购买者对购买对象不具备系统的知识，甚至所知甚少。基于这一原因，消费者的购买行为会受到传播媒体的影响，并随其不了解程度的提高而增大。有关调查显示，当购买食盐、洗衣液等经常性消费品时，消费者在做决定时受到媒体的影响比较小；当购买的商品与品牌有关时，消费者在做决定时受到媒体的影响比较大。无论何种消费品，市场占有率高的品牌受媒体的影响比同类消费品受媒体的影响要大很多。同时，在购买拥有率较低的商品时，消费者的消费行为受媒体的影响比较大。如有95%的消费者在购买咖啡时会受到媒体影响。

消费者市场属于非专业购买。很大一部分消费者在购买商品时专业知识不足，特别是在购买电子产品、机械型产品和新型产品方面，普通消费者难以判断产品的质量以及价格是否合理。故而容易受到媒体宣传或商家促销手段的影响。

因此，现代工商企业要充分重视产品广告和产品促销工作，树立良好的企业形象，形成良好的商业信誉，这将能够促进商品的推广，提高产品在市场上的竞争力。但企业不能利用消费者市场非专业购买这个弱点来欺骗消费者。

三、消费者市场的购买对象

对于消费者市场的购买对象可以依据不同的分类标准做多种划分，常见的有以下几种。

（一）根据满足人类需求的层次划分

1. 生存品

生存品包括消费者用以维持生命的必需的食品、饮料，能够保持消费者体温的衣服等。

2. 享受品

享受品包括高级食品、耐用品，如营养性食品、滋补性药品、高档服装、高级住宅及其他高档生活设施、公认的奢侈品等；还包括工作之余旅游、观看艺术表演和体育比赛、欣赏戏剧和音乐所必须具备的设施、条件和服务。

3. 发展品

发展品包括接受教育和专门技能训练，从事科技、文体、社会交往和卫生保健等活动所需要的物质产品、精神产品、设施、条件和服务。

（二）根据消费者的购买习性划分

1. 便利品

便利品，或称易耗品。售价一般较低，购买频繁，购买时不需要花费很多精力进行比较和挑选。便利品又可分为日用品、冲动品和应急品三个细类。

①日用品，是一些价值较低，经常使用、经常购买的物品，如肥皂、牙膏、干电池和报纸等。消费者对这类产品相当熟悉，购买前不需做多少计划，购买时不需花费较大精力和时间进行比较和选择。在大多数情形下，往往是销售人员递给商品，购买者付款接过商品，稍微看一下甚至不看，道声谢，转身就走。在品牌众多时，也有指名购买的，这往往会培育出一些品牌忠诚者。

②冲动品，是消费者事先没有计划购买，而是在见到、闻到或其他感官直接受到刺激时临时决定购买的商品，如某些富有强感官刺激性的糖果、玩具、杂志和风味食品等。

③应急品，是消费者在急需情况下才购买的商品。一般说来，这种急需来得突然，并且必须给予满足。例如，雨具往往是突然遭逢大雨的消费者的应急品，某些药品往往是突然感到不适的消费者的应急品。

需要指出的是，冲动品和应急品本质上也是日用品，只是由于消费者购买时的情境因素和时间压力的不同，才赋予了它们冲动品或应急品的特称。

2. 选购品

选购品一般较经久耐用，价格相对较高，购买频率较低，消费者在购买前对它们不熟悉或知之甚少。所以，消费者在购买此类产品时往往愿意花费较多的时间和精力，在进行充分的或尽可能的比较和选择后才做出购买决定。选购品多半是些耐用消费品，如彩电、冰箱、家具、服装等。选购是为了减少经济上的损失，但更多的是想使购买的东西能称心、满意，消除购后的不适。

选购品有同质选购品和异质选购品之别。同质选购品是质地相同且易于对比的商品。例如网球鞋，时令瓜果，锅、碗、盆、勺等炊具，它们的差别易于发现，质量高低易于把握。购买同质选购品时，价格是消费者主要考虑的因素。异质选购品是外观、性能等有重大差别且难以比较的商品。在一般情况下，购买异质选购品时，质量会成为选购者主要考虑的因素。例如选购服装时，如果购买者对质量不满意，即便价格便宜，也不会购买。另外，有些异质选购品的质量不能凭直观加以比较，消费者购买这类产品时，通常会以品牌作为购物指南。

3. 特殊品

特殊品的消费者对之情有独钟，深信不疑，以得到其为快乐、为最大满足。购买此类产品时，消费者会不计购买地点的远近和价格的高低，甚至坚持根据品牌购买。例如定制的某种款式的服装、昂贵的立体声组合音响、专业俱乐部、畅销小说、某些比赛的入场券以及某些时髦商品等，对于某些消费者来说即特殊品。特殊品的本质特点在于某种商品对于某些消费者具有独特意义。显然，特殊品的存在是因人或人群而异的。

便利品、选购品和特殊品的划分，更概括地说，是在于购买者付出的努力和承担的风险两个方面的不同。因此，也可根据这两个标准构建三者的比较模型。

4.非渴求品

非渴求品与特殊品相反，经常受到大多数人的冷遇，人们很少问津。这类商品，或者是消费者不知道它们的存在，或者是虽知道它们但不考虑购买它们。前者如某些新上市的产品，后者如人寿保险和殡葬用品。前一种非渴求品，经过厂家的努力，有可能转化为特殊品。

（三）根据是否耐用划分

1.耐用品

耐用品通常可连续使用多年，寿命长，其有形损耗或基本功能丧失较慢。总的来说，耐用品由于有形损耗或基本功能丧失较慢，有效使用期相对较长，消费者很长时间才会购买一次这样的产品或更替一次新产品。

2.非耐用品

非耐用品通常只能使用一次或几次，寿命短，有形损耗或基本功能丧失较快，如袋装食盐、瓶装啤酒等。由于这类产品有形损耗或基本功能丧失较快，使用者必须到零售商店经常购买，或到平价仓储店进行"量贩"，或到批发店批发，以减少购买次数。

第二节　消费者购买行为类型与购买模式

一、消费者购买行为类型

（一）根据消费者性格划分

1.习惯型购买行为

习惯型购买行为是在信任动机的基础上产生的。这种类型的消费者对个别品牌或企业家非常信任，对一个或多个品牌非常忠诚，在消费过程中形成了固定的消费习惯和消费偏好，在购买时有很强的目的性。

2.不定型购买行为

不定型消费者通常是指购买目的不明确的消费者，他们常常三五成群，东走西逛，哪儿有卖东西的就往哪儿看，问得多、看得多、选得多、买得少。他们往往是一些年轻的、刚刚开始独立购物的消费者。这些消费者更容易接受新东西，他们的消费习惯尚未完全定型，没有形成自己的固定偏好。

3. 理智型购买行为

理智型购买行为是指理智型消费者做出的购买行为。理智型消费者在做出购买决策之前通常会对商品进行仔细考虑和仔细比较，在做决定时十分谨慎，不容易受到商品营销的影响，在做出购买决定后也不容易反悔。

4. 冲动型购买行为

冲动型购买行为是指消费者受到情绪的刺激而产生的购买行为。年轻人产生冲动型购买行为的比重比较大。这是由于年轻人在进行决策时容易受到商品的外观、媒体宣传和商品营销的影响。

5. 经济型购买行为

做出经济型购买行为的消费者对价格因素比较看重，侧重于购买经济适用的商品，从而获得心理满足。针对这种购买行为，企业要让消费者认为他所购买的物品是物美价廉的商品。

6. 想象型购买行为

有一定的艺术修养，善于联想的消费者往往会做出想象型购买行为。企业针对这种消费者可以在商品的包装和商品的造型方面做出创新，让消费者进行联想，或是在营销活动中赋予商品意义。

（二）根据市场营销划分

消费者的购买行为非常复杂，人们在购买不同类型的商品时会表现出不同的购买心理和购买行为，企业应对此进行分析，以便制定相应的营销策略。从市场营销的角度来考察，消费者的购买行为可以划分为三种类型。

1. 经常性购买行为

经常性购买行为是所有购买行为中最简单的一种，是指消费者购买生活必需的、消耗速度快、价格低廉的商品，如食盐、食用油、食醋、洗衣液、牙膏、洗发水、香皂等物品。

消费者通常对这些商品比较熟悉，加之这些商品价格低廉，在购买时消费者不需要花费大量的时间和精力对商品进行比较。消费者在购买这类商品时通常是就近购买，因此销售网点多，主要集中在居民区内或附近，使消费者能就近方便购买。针对该类购买行为，营销者的管理重点应该是第一，保证产品质量，保持一定的存货水平，对现有消费者不断施加强化措施；第二，充分利用适当的提示物，吸引潜在消费者对本产品的注意，改变他们原来的购买习惯。

2.选择性购买行为

选择性购买行为是指消费者购买价格比日用品高，使用时间较长，购买频率不高的商品的购买行为。这种商品的价格一般在几十元到几百元之间不等，不同品牌、不同规格、不同款式之间的差距比较大，消费者在购买时往往会花费大量的时间和精力进行比较。经营这一类商品，最重要的是备齐花色品种，让消费者有比较，有充分的选择余地。

因此，这类商品往往是多个品牌集中在一个营业大厅销售，有的甚至集中在一条街或一个商业区销售。针对消费者的该类购买行为，营销者管理的重点应该是利用广告提供大量的可比资料，使消费者增进对本产品的了解。

3.考察性购买行为

考察性购买行为是指消费者购买价格高，使用时间长的高档商品的购买行为。如购买商品房、轿车、高档家具、高档电器、钢琴等都属于考察性购买行为。消费者在购买这类商品时会非常谨慎，会花费大量的时间对商品进行调查、比较和选择。消费者在做决策时往往更注重商品的品牌，根据商品品牌购买。在这类商品的购买中，已经购买商品的消费者对未购买的消费者的消费决策影响比较大。消费者通常在大型商场或专卖店购买这类商品。

这类商品的购买频率低，价格高，消费者对商品的专业知识了解不多，因此需要收集大量的资料进行学习，在学习专业知识后才决定是否购买商品。针对这种购买行为，企业营销要为消费者提供全面的资料，让消费者充分了解商品的性能、使用方法、安装维修等最基本的问题，从而帮助消费者尽快做出购买决策。企业在营销这类商品时要利用各种资源，形成品牌效应。例如，精心设计制造、严把质量关；增加产品的高科技含量；加强广告宣传，注重售后服务；销售网点一般应选择大、中型商场或专卖店；等等。

二、消费者购买行为模式

（一）国外的几种消费者购买行为模式

1.尼克西亚模式

尼克西亚模式由尼克西亚在其著作《消费者决策过程》一书中提出。该理论将消费者的消费行为视为信息处理过程，认为消费者的消费行为过程是消费者接收、加工、存储、使用和反馈营销者提供的信息的过程。这个模式包括以下四个部分。

①从信息源到消费者态度。从信息源到消费者态度是指企业将自己的产品信息发送给消费者，消费者受到这些信息的影响，在心理活动的支配下进行信息处理的过程，进而形成对商品和服务的态度。

②消费者对信息的调查和评价。消费者在了解了商品和服务后会对商品和服务进行调查和评估，从而形成消费购买动机。

③购买行动。消费者会在购买动机的影响下做出购买决策，最终进行购买。

④消费后的信息反馈。消费者在购买产品后会吸取购买经验和购买教训，以为以后的购买行为做指导。

尼克西亚模式对市场营销理论的发展起到了重要的推动作用。这一模式的推理十分严密，并有简洁的特点。但这一模式也存在缺点，即每月没有分析外部环境因素，没有解释模式发展的过程。因而，不易被营销者所掌握。

2.EDK 模式

美国俄亥俄州立大学三位教授 J. 恩格尔、R. D、布莱克威尔及 D. T、柯莱特于 20 世纪 70 年代在《消费者行为》一书中提出了 EDK 模式。

这个模式非常看重消费者的购买决策的过程，从而在其基础上提出了这个模式。在这个模式中，消费者的大脑发挥中央控制器的作用，在外部信息、消费者的态度、消费者的经验和消费者的心理的基础上做出购买决定。

这是一个消费者购买决策模式，详细阐释了消费者的购买决策过程，同时非常注重购买决策的特点。

（二）消费者购买行为的一般模式

消费者购买行为，是指消费者根据自身的实际需要购买商品或劳务的活动。在社会生活中，任何个体为满足生存需要都需要购买物质生活资料。因此，消费者的购买行为在社会生活中十分普遍，并逐渐成为人类行为系统中的一部分。

在现代社会生活中，消费者的消费行为由于不同的购买动机、消费观念、消费方式和消费习惯表现出不同的类型。但在消费者的购买行为中仍然存在一定的规律。心理学对其不断研究，得出结论，认为消费者的购买行为中存在着一般模式，即刺激—反应模式。

刺激—反应模式认为刺激能够引起消费者的购买行为，社会的经济情况、政治情况、科技水平、文化发展和市场营销等外部环境能够产生刺激，消费者的需求、动机、个性、观念、习惯等生理或心理因素也能够产生刺激。消费者在刺激的影响下，经过一系列心理活动，产生购买动机，在购买动机的驱动下做出购买决策和购买行动，并在购买后做出评估，最终完成购买行为。整个过程是在消费者内部完成的，心理学家将其称为"暗箱"。

企业的营销部门在制订营销计划时往往将消费者购买行为的一般模式作为依据。消费者购买行为的一般模式表明，在消费者的意识受到刺激后，消费者的购买决策由消费者特征和决策过程决定。市场营销人员要分析消费者从受到刺激后到消费者做出购买决策前其意识发生了什么变化，分析消费者的购买行为的规律和特点，并根据企业的实际情况向消费者发出"刺激"，从而促使消费者做出购买行为，达到企业获取利润的目的。

第三节　影响消费者购买行为的主要因素

一、自然环境因素

（一）地理区域

由于消费者生活的地理区域不同，消费者在生活需求和生活习惯方面存在很多不同之处，因此导致了购买行为的差异。

在地域方面，南方人习惯吃甜食，北方人则喜欢吃咸味，南方人和北方人在酒类的消费方面也有不同的偏好，南方人喜欢消费黄酒，而北方人喜欢消费白酒，这使酒类市场表现出"南黄北白"的特点。

城市居民和农村居民的消费在商品种类、数量和购买方式等方面也呈现出差异。这种现象的原因是农村居民经济收入比较低，农村居民配套的设施不完善。如农村的供水供电系统不完善，导致农村不能正常使用冰箱、全自动洗衣机、洗碗机等家用电器。

（二）资源状况

人类生存以自然资源为物质基础，同时自然资源也是社会生产资料的主要来源。消费者的消费活动和自然资源的开发和利用之间的关系十分紧密。

如车用燃料，我国轿车大多使用汽油，但自 1999 年以来，全球石油价格的升高，促进了使用石油液化气的汽车出现，它是由使用汽油的汽车直接改装而成的。近年来，还出现了用小麦、玉米等原料生产出乙醇，再和汽油按一定比例混合而成的一种新型车用燃料——车用乙醇汽油。可见，工业能源转化为民用，使得消费者对同一领域产品的选择余地加大了。

自然资源的存储量对消费者的消费有直接影响。重要的自然资源存储量紧缺会对消费需求产生抑制作用，或是刺激其他消费需求。

（三）气候条件

气候条件分为地域性气候条件和全球性气候条件，这两个气候条件都对消费者的消费行为有影响。

在地域性气候条件方面，生活在不同的气候区域的消费者的消费习惯不同。如生活在寒带地区和热带地区的消费者在饮食和服饰消费方面有很大的差异，如生活在寒带地区的消费者侧重于消费厚重的衣服，生活在热带地区的消费者偏向于消费轻薄的服装；生活在热带地区的消费者喜欢清爽解热型饮料，生活在寒带地区的消费者则偏爱酒精度高、能御寒的白酒。

在全球性气候条件方面，近年来全球变暖和温室效应的问题日益严重，地球表面的温度不断升高，地球的湿地、珊瑚礁、温带和寒带的很多植物都受到了影响。全球变暖和温室效应导致全国各地夏季的空调、冰箱、电风扇等制冷类家用电器的销量不断上升。

二、社会环境因素

社会环境因素对消费者的购买行为有直接影响，对消费者的消费内容的影响也非常广泛。

广义地讲，社会环境包括人与人之间所有的社会意义下的相互作用。消费者可以直接（如可能会与同事或朋友谈论体育器材）或间接地（如看父亲买汽车时与他人讨价还价）与其他人发生相互作用。人们可以直接或间接地感知这些相互作用。

正确地区分社会环境的宏观和微观层次是非常必要的。宏观社会环境指大规模人群中人与人之间直接或间接的相互作用。有研究者已经分析了三种宏观社会环境——文化、亚文化和社会阶层。这些都会影响相应群落中个体消费者的价值观、信仰、态度、情感和行为。例如，有研究者已经证明，不同亚文化群或者社会阶层中的个体消费者对一个产品的态度是截然不同的，这表明他们对不同的营销战略的反应也是截然不同的。正是由于这些差异的存在，宏观社会环境的分析在市场划分中起到了不可替代的作用。

微观社会环境指小群体（家庭和相关群体）中人们之间的直接相互作用。这些直接相互作用使得消费者的消费行为受到极大影响。例如，通过家庭及相关群体间人们的直接相互作用，人们的行为、价值观、信念和对事物的态度都受到了影响，而且家庭成员间的影响是根深蒂固的，如孩子长大后会购买他们父母曾经买过的品牌，光顾同样的商场，以同样的方式购买商品。

（一）人口环境因素

1. 人口密度与分布

人口密度和人口分布状况对消费者的消费活动空间有一定影响。大城市的人口比较集中，人口密度大，存在住房紧张、交通拥堵、环境污染严重等问题，对消费者的生活和消费活动都有影响。例如，像北京等这样人满为患、生存空间狭小的特大型城市，当地的总体房价几乎是其他二三级城市的 4 ~ 5 倍。过高的房价必然制约购买需求，许多工薪阶层只好"望房兴叹"。合理的人口布局已经成为摆在未来中国发展面前的一个首要问题。

2. 人口的年龄、职业、受教育程度

人口的年龄、职业和受教育程度对消费者的需求结构和购买方式有直接影响。如人口老龄化会导致保健品的销量上升。职业因素对消费者的影响主要表现在饮食、服饰等方面，从事不同职业的消费者对服饰的款式和档次有不同的要求。受教育程度对消费者的消费观念和消费意识有直接影响。

（二）经济环境因素

经济环境因素包括宏观经济环境和微观经济环境。这两种经济环境因素对消费者的购买行为都有影响。消费者是经济活动的中心，经济活动的成果要通过消费者购买实际商品体现出来。

1. 宏观经济环境

在宏观经济环境方面，国家的消费体制和消费政策对消费者的行为有直接影响。消费体制是经济体制的一部分。在计划经济体制下，采用的是低工资的福利型消费体制，福利资源直接分配，不进入个人消费。国家的消费政策也一直奉行"高积累、低消费"的方针。由于是卖方市场，消费者的消费方式是被动的、无选择的，消费观是初级的消费观念。

改革开放以来我国确立了社会主义市场经济体制。国民经济快速发展，市场上的商品逐渐丰富，卖方市场转变为买方市场，逐渐形成了以个人消费为主体的消费体系。国家出台了一系列消费政策，促进了消费需求的扩张，刺激了消费者的购买欲望和购买信心。

2. 微观经济环境

在微观经济层面，消费者在消费活动中进行消费决策时会受到商品的质量、价格、外观、媒体宣传、商家信誉、销售服务等微观经济因素的影响。这些因素会随着消费者的营销行为而变化，从而直接影响消费者的消费选择。

如商品价格的变动对消费者的需求有直接影响。首先，原材料、燃料等生产资料价格的上涨会造成生产成本的增加，引起产品价格上升，需求下降。其次，国际贸易中一国对别国的产品进行反倾销制裁或征收特别关税，将导致该商品价格的大幅提高，消费者因此会被迫放弃或减少购买该种商品。例如，日本政府正式决定从 2001 年 4 月 23 日起，对主要从中国进口的大葱等农产品实行临时紧急进口限制，从而使日本农产品市场需求受到抑制。

（三）政治法律环境因素

政治法律环境因素包括国家的政治体制、社会制度、社会稳定性和相关的法律制度等因素。这些因素对消费者的消费心理有直接或间接的影响，从而影响消费者的消费行为。

国家的政治环境不稳定会使人民担心未来，对未来没有信心。在消费活动中的具体表现是消费者对未来持悲观态度，谨慎消费。

消费者的消费权利受到法律的限制和保护。如很多国家的法律规定禁止向未成年人出售香烟。美国癌症协会在 2000 年美国芝加哥第 11 届世界烟草大会上发表的材料表明，在世界 196 个被调查国家中，一半国家的法律规定禁止向未成年人出售香烟，1/3 的国家有戒烟机构或渠道，1/3 的国家规定必须在香烟包装上印刷警告性图案。显然，法律的明文规定对未成年人的香烟消费需求构成极大限制。

（四）文化环境因素

文化环境对消费的影响逐渐受到人们的重视。文化背景、教育水平、道德观念、风俗习惯和社会价值标准等方面的差异都会对消费者的消费行为产生影响。

中国人的消费心理主要有以下几方面的特点。

1. 消费者行为上的大众化

儒家文化以中庸、忍让、谦和为核心，在消费者行为中的具体表现是大众化商品的市场非常广泛，消费行为的社会取向和他人取向的特征十分明显。多数消费者会用普通消费观念对自己的消费行为做出规范。

2. 消费支出中的重积累和计划性

长期以来中国人一直有勤俭持家的消费观念，在消费问题上不赞同奢侈和挥霍，对超前消费比较谨慎。在商品的种类和功能方面，更偏向于选择实用价值高的商品。但是青少年的消费观念已经发生了变化。青少年更喜欢超前消费，喜欢购买新奇的商品。

3. 以家庭为主的购买准则

中国人有强烈的消费观念，在消费行为中更倾向于以家庭为单位购买商品。在购买决策方面和购买商品的内容和种类方面都和家庭的关系十分密切，并且购买的商品要最大程度地满足家庭成员的需要。

这种以家庭为主的购买准则一方面体现了家庭在中国人心中的重要地位以及中国人对家庭的责任感；另一方面，在过去的时间里很多人的生活比较贫困，在消费行为中以自己为中心会影响家庭的生活质量。

4. "人情"消费比重大

中国人对人情世故非常看重，认为良好的人际关系非常重要。这个特点在消费行为中的表现就是注重"人情"消费。如亲戚朋友结婚、生子、乔迁等都要送礼品。

5. 品牌意识比较强

中国人买商品时比较注重商品的品牌，尤其对于服装或高档消费品更是如此。一方面是因为名牌商品代表了一定的质量和价格，可以满足人们的炫耀心理；另一方面，中国人一般对商品的知识了解得比较少或者根本不愿意去了解，只注重对商品的总体印象，所以购买名牌商品既减少了购买时认知商品性能的麻烦，又减少了购买风险。

三、消费者内在因素

（一）心理因素

消费者的行为会受到自身的心理因素的影响，即心理活动的影响。心理活动是人类特有的，是最复杂的活动之一。

在影响消费者行为活动的各项因素中，心理因素是影响消费者行为活动的最主要因素。在消费过程中，消费者会受到外部信息的刺激，产生消费需求和消费动机，在消费动机的驱使下，消费者会收集信息，对商品做比较，对商品做出选择，最终做出购买决策，采取购买行动。

消费者对商品的媒体宣传的喜好、对商品的态度等都是心理因素的体现。

（二）生理因素

1. 生理需要

人类有多种多样的需求，生理需求是人的众多需求中的最基本、最朴素的需求。

在人的消费活动中，消费者的首要消费需求是衣食住行等基本生存资料的消费。消费者在满足自身的生理需求后会产生其他消费的需求和欲望。人的生理特点决定了生理需求本身有延续性的特征。人的生理需求是不断循环、不断重复产生的。因此，由人的生理需求产生的消费是不会停止的。在这个层面上，生理需求消费是消费活动的基本内容。

由生理需求产生的消费，其内容和形式是不断发展变化的。经济和社会制度的发展变化会表现出不同的特点。例如，同样是"民以食为天"，原始人食不果腹，甚至是茹毛饮血，而现代人需要的是低脂肪、高蛋白、富含维生素的有营养的食品，所消费的食品要具有九个特征，又称 9F，即健康（Fitness）、高纤维（Fiber）、快速反应（Fast）、新鲜（Fresh）、功能分装（Function）、趣味（Fancy）、外国风味（Foreign）、可玩的（Fun）和著名商标（Famous），可见，同样是满足吃的需要，不同时代存在很大差异。

2. 生理特征

人的性别、身高、体重、外貌、年龄等特征以及敏捷性、适应性、抵抗力等内在特点都属于人的生理特征。

人的身体特征是先天遗传的结果，在后天的发展中也受到影响。人与人之间生理特征的不同能够产生不同的需求，从而引发不同的消费行为。人的生理特征一般形成综合因素影响消费者的行为。

第四节　消费者的购买行为与决策

一、参与决策的角色

通常情况下，购买决策不是一个人做出的，而是一群人做出的，是一种群体决策。这在共同使用的商品和个人单独使用的商品的购买决策过程中都有体现。因此企业的营销活动需要分析参与决策的角色。

通常情况下，参与决策的角色有以下几种。

①发起者，即想要购买商品的人。

②影响者，对发起者的提议表明态度的人，这些人不能决定最终的购买决策但会影响购买决策。

③决策者，对购买行为有决定权的人。

④购买者，执行实际的购买任务的人，购买者通过比较商品的价格、质量等因素，最终完成购买。

⑤使用者，商品的实际使用者，对商品的使用做出决策，进而影响以后的购买行为和是否再次购买。

这五种参与决策的角色在购买决策的过程中相互促进，共同促成购买行为。需要注意的是，购买决策不一定需要有五个人参加，在购买活动中，一个人能够承担五种角色。在不是非常重要的购买决策中，参与决策的角色会少一点。

二、购买决策的阶段

消费者的购买决策过程是指消费者在购买产品或服务过程中所经历的步骤。一般来说，当消费者购买产品时，他们通常会经历以下购买决策过程：一是需求确认；二是收集信息；三是方案评价；四是做出决策。这代表了消费者从认识商品和服务需求到评估一项购买的总体过程。

这个过程就是研究消费者如何做出决策的重要线索。需要指出的是，这一重要线索并不是说消费者的决策会按次序经历这个过程的所有步骤，在有些情况下，消费者可能会跳过或颠倒某些阶段，尤其是在发生参与程度较低的购买行为时。比如，购买特定品牌牙膏的妇女可能会从确定需要牙膏直接到做出购买决策，跳过了收集信息和方案评价阶段。但还是要用这一模式，因为它阐述了消费者面对参与程度较高的新购买决策时所需的全部思考过程以及影响消费者决策的各种因素。

（一）确认需求

确认需求也被称为问题确认，是由消费者的理想状态与现实状态之间的差距引起的。当消费者对情境的希望与情境的实际之间存在差异时就会产生某种需要。可见消费者的购买过程是从引起需要开始的。需要的产生有时很简单，有时却较为复杂。一般来说，人的需要是由两种刺激引起的：一是来自身心的内在刺激，这是引起需要的驱策力；二是来自外部环境的刺激，这是引起需要的触发诱因。在这两种刺激的影响下，当消费者意识到一种需要并准备通过购买某种商品去满足它时，就形成了购买。

确认需求的原因会受到以下因素的影响。

①缺货。消费者使用存储的产品时要对这种商品进行补充，这时就出现了确认需求。这时的购买决策一般是简单的行为，并且通常是选择一个熟悉的品牌进行消费来解决这个问题。

②不满意。确认需求产生于消费者对正在使用的产品或服务不太满意。例如，消费者也许认为他的电脑已经过时了。广告能够帮助消费者确认消费者的问题和需要的购买决策。

③新需要。消费者的生活是不断变化的，新的需求不断产生。一般情况下，一个人的生活方式或工作状态能够产生新的需要。比如，当我们搬家时，我们可能重新购置些新的家具；当我们的职务提升时，我们可能买一些更高档的服装以使自己显得更体面。有时报酬的增加也会提高个人的期望，消费者会考虑以前没有购买过也从未期望购买的产品或服务。比如，一个买彩票中了大奖的人会购买一辆家庭轿车或到国外去旅游。

④相关产品的购买。确认需求也可以由一种产品的购买激发出来。例如，购买家庭影院会导致对其附属产品，如影碟需求的确认；个人电脑的购买会刺激对软件程序或软件升级的需求。

⑤新产品。当市场上出现了新产品并且这种新产品引起了消费者的注意时也能成为确认需求的诱因。营销商经常介绍新产品和新服务，并且告诉消费者他们解决问题的类型。比如，手机营销人员会告诉消费者为什么他们需要手机并强调手机的时尚、省时及安全等。

⑥营销因素。引起理想状态与现实状态之间差距的另一个原因是营销商造成的问题确认。比如，很多个人卫生用品广告是通过创造一种不安全感，使消费者确认需要或问题的，而消除这种不安全感的最佳方式就是使用广告推荐的产品。营销商还可以通过改变款式和服装设计，在消费者中制造一种他们的着装已落伍的感觉，帮助消费者确认需求。

当然，对于营销商刺激消费者产生需求确认的企图，消费者并不总是买账的，在有些情况下，消费者也许看不到问题或意识不到营销商正在售卖的产品到底有什么用。比如，许多消费者不愿意购买个人电脑的主要原因是他们看不到家里拥有一台电脑对他们家有多大用处。因此，有些精明的个人电脑制造商曾尝试用这样的方法来激发消费者的问题确认，即强调电脑是如何有助于开发孩子的智力并能让孩子在学校表现得更优异。

（二）收集信息

所谓收集信息，通俗地讲就是寻找和分析与满足需要有关的商品和服务的资料。

1. 消费者要收集的信息的内容

消费者所要收集的信息主要有三方面内容。

①恰当的评估标准。如一名消费者打算购买一台计算机，首先他要了解打算购买的计算机有什么特征，这些特征是对商品进行评估的标准。消费者首先要根据自己的知识和生活经验确定打算购买的计算机有哪些特征，如果消费者认为自己的知识有限便开始收集信息。

②已经存在的各种解决问题的方法。如当前市场上有多少计算机出售。

③各种解决问题的方法所具备的特征。如当前市场上的计算机的类型、功能、价格等因素。

消费者通常不能收集到关于商品的全部信息，只能在自己了解的范围内选择。通过对已经掌握的信息进行选择，消费者会划定一个范围，在其中进行选择，最终在这个范围中做出决定。在逐步筛选的过程中，每进入一个新的阶段都需要收集更多的信息帮助选择。

因此，企业向消费者提供有关产品的信息对消费者的信息收集阶段的影响非常重要。

2. 消费者选择信息的过程

消费者能够收集到大量的关于商品的信息，但在购买过程中不是信息越多越好。在相同的情境中，由于消费者的个性、经验和需求等方面的不同，不同的消费者会有不同的理解，从而影响他们对信息的选择。一般情况下，消费者对信息的选择包括以下几种。

（1）选择性注意

在日常生活中，人们会受到很多刺激，如美国人平均每天会接触到3000多个广告，但这些刺激不会对消费者造成太大影响，大部分广告都会被过滤掉。

因此，营销人员要分析哪些因素能引起消费者的刺激。首先，消费者会对与当前需要有关的刺激比较留意。其次，消费者对他们期盼的刺激比较留意。最后，消费者对非常规刺激比较留意。

（2）选择性曲解

消费者受到刺激后未必会产生预期的效果。消费者会按照自己的思维模式接收信息。

选择性曲解是指消费者将得到的信息和本身的意愿相结合。通常情况下，消费者会根据先入为主的原则解释信息。

（3）选择性记忆

消费者会遗忘掉接触过的大多数信息。消费者会对与自己的态度和信念相符合的信息进行记忆。因此，市场营销人员在宣传企业产品过程中要对消费者多次重复自己的商品，加深消费者的记忆。

（三）方案评价

在信息搜寻阶段获得信息后，消费者便进入方案评价阶段。在方案评价阶段，消费者会根据已经掌握的信息产生自己的判断标准。这套标准将帮助消费者评估和比较各种选择。

不同的消费者会使用不同的评价标准，个别情况下相同的消费者在不同的购买情境下使用的评价过程和评价标准也不相同。这主要是因为消费者为满足不同的需求，需要购买不同的产品，从而在不同的产品中寻求利益。消费者将每种产品视为能不同程度地带来所寻求的利益并进而满足某种需要的属性集。

针对不同的商品，消费者会对不同的属性感兴趣。比如，对于照相机来说，消费者感兴趣的属性主要包括照片清晰度、摄影速度、携带方便与否、价格等；而对旅馆来说，其重要的属性主要包括舒适、卫生、安全、便利等。不同的消费者对于相同的商品关心的程度各不相同。消费者可能采取主观的评价标准也可能采用客观的评价标准。例如，在购买汽车的时候，消费者使用诸如价格便宜及节约燃料等客观属性，也可以同时使用如形象、风格等主观属性作为评价标准。

具体来说，消费者的购买决策有以下两种原则。

1. 理想品牌原则

对于任何一种商品，消费者都有自己认定的理想品牌。消费者会在购买过程中对自己认定的理想品牌和实际品牌进行比较，从而选择与理想品牌最接近的品牌。例如，消费者可以先给自己心目中的理想品牌打分，然后再给实际品牌打分，最后求两者之间的误差。误差越大，表明实际品牌与理想品牌之间的差距越大，消费者的不满意程度也就越高。

2. 多因素关联原则

多因素关联原则是消费者为商品的属性规定的可接受的最低水平，消费者会接受各项属性都达到规定的最低水平的商品，消费者通常不会考虑没有达到规定的最低水平的商品。

运用这一原则，消费者就排除了某些不必要的信息干扰，缩小了处理信息的规模。但是，这种决策使得可接受的品牌可能不止一个，因此消费者还需借助另外的方法做进一步的筛选工作。

（四）做出决策

消费者在对商品进行评价和选择之后会产生购买意图，从而进入购买决策和实施购买的阶段。在产生购买意图和做出购买决策之间存在一系列不确定因素，这些因素会影响消费者的购买决策。通常情况下，这些因素来自两个方面，一方面是他人的态度；另一方面是意料之外的变故。

他人的态度一般是指有人在消费者进行购买时提出了反对意见或有吸引力的建议。这将使消费者取消购买决定。他人态度的影响力的强弱主要表现在他人反对的强弱程度和他人在消费者心目中的地位两个方面。他人的强烈反对或他人在消费者心目中有重要地位对消费者的影响很强。

消费者在购买商品的过程中出现意外的变故也可能导致消费者取消购买。如消费者突然失去工作丧失收入来源、消费者忽然需要大量资金做某件事，这些因素都可能让消费者取消购买决策。

三、消费者购买决策的类型

（一）例行型决策

消费者所做的许多购买决策都是以习惯性或例行性选择过程为基础的，对于许多低价的、经常购买的产品而言，决策过程包括的环节不外乎确认问题、进行迅速的内部搜寻和做出购买决策。这时，消费者花费很少的时间和精力，没有努力进行外部搜寻或选择评价。其实，一般的例行型购买实际上并未涉及决策。

例行型购买通常分为两种，即品牌忠诚型购买和习惯型购买。比如，对于使用哪种品牌的化妆品，我们曾经有很高的卷入程度，花费了大量时间和精力。作为这一过程的结果，我们选定了某品牌化妆品。现在，虽然更好的化妆品广告时时在诱惑着我们，但我们认为该品牌化妆品符合自身的需要，我们已经成为该品牌化妆品的忠诚消费者。在这个例子中，由于品牌忠诚，我们对产品的卷入程度相当高，但对购买的卷入程度则很低。而习惯型购买则与此不同。比如，我们可能认为所有牙膏的功能都差不多，因而，我们在使用了一段时间某品牌的牙膏以后，觉得还比较满意，我们就会一再地选择该品牌，但实际上我们并不忠诚于这一品牌。如果在逛商场的时候，看到别的品牌的牙膏正在打折，我们就会毫不犹豫地买下这个新品牌。

因此，即使是消费者例行的购买行为，营销人员也应该分清是品牌忠诚型购买还是习惯型购买，并依此采取相应的营销策略。

（二）有限型决策

那些经常被消费者购买的不十分贵重的产品或服务一般与有限型决策有关。在这种类型的购买中，消费者花费适当的精力搜寻信息或考虑各种可能的选择。伴随着对产品或服务的进一步认识，通过有限型决策，消费者通常能相当迅速地完成购买行为。此外，除非产品在使用过程中出现问题或消费者对售后服务不满意，否则事后很少对产品的购买与使用进行评价。

有限型购买有时会因情感性需要或环境性需要而产生。比如，很多人都有这样的经历：虽然打算换一种新的产品或一个新的品牌，但并不是对目前使用的产品或品牌不满意，只是用了太久而产生了一种厌倦感。因此，这时候的购买决策只涉及对现有备选品牌的新奇性或新颖性的评价，而没有其他原因。

（三）广泛型决策

消费者购买贵重的不常购买的产品时，其购买决策属于广泛型决策。这个过程是消费者购买决策中最复杂的一种类型，消费者的参与水平高、在购买中投入的时间长、涉及的信息广泛、影响消费者的购买决策的因素多。此外，消费者购买商品后会怀疑购买决策的正确性。这种购买决策比较复杂，通常购买商品房、汽车等商品时会使用广泛型决策。

四、购买决策的作用和特点

消费者行为就是消费者在寻找、选择、购买、使用、评估和处置与自身满足相关的产品和服务时所表现出来的行为，而这一系列行为活动过程就是消费者的决策过程。对于许多产品和服务来说，购买决策是包括一系列广泛的信息收集、品牌对比和评价以及其他活动在内的全部过程。比如，在购买之前，消费者就要确定买什么商品、买哪种牌子的、买多少、到哪里去买等。在购买过程中，消费者要选择品牌、衡量价格水平、确定购买型号等。在购买之后，消费者会对商品产生满意或不满意的评价，这种评价会对以后的购买行为产生影响。购买决策是消费者确立购买目标、选择购买手段、取舍购买动机的过程。

在消费者的购买行为中，购买决策的地位非常重要。在购买过程中，消费者需要对购买行为的发生方式进行决策。消费者的购买决策的质量由购买行为的效用决定。正确的购买决策能够为消费者节约时间和费用，使消费者买到高性价比的商品，使其需求得到最大程度的满足。

对于商家来说，对消费者的购买决策进行分析能够为企业的营销活动提供依据。例如，如果一位经理经过调研得知，汽车的耗油量对于某一目标市场来说是最重要的因素，那么生产者就可以重新设计产品，来达到让消费者满意这一目标。如果该企业不能在短期内改变设计，它可以使用促销手段，努力改变消费者的决策标准。比如，生产者可以通过广告宣传汽车的免费维修这项优惠措施以及汽车具有欧洲赛车的风格，而不强调耗油量。

消费者在购买商品方面的偏好会不断发生变化。与其他决策活动相比，消费者的购买决策有其自身的特殊性。消费者的购买决策受到多种因素的影响。消费者在进行购买决策时会受到多种因素的制约。消费者的购买决策有其特殊性，具体体现为决策内容的情景性。

第五章　新时期市场营销战略 与管理创新研究

随着经济的高速发展，特别是 20 世纪 50 年代以来，市场营销的新领域和新概念不断出现，站在较高的角度来看，这些新领域、新概念，其实就是在营销主体、对象、区域和手段上的新拓展。本章主要介绍新营销主体（政府）、新营销对象（服务）和新营销区域（国际市场）的相关内容。

第一节　政府营销

一、政府营销的含义和目的

（一）政府营销的含义

在《区域营销》这本书中美国著名营销大师菲利普·科特勒首次提出政府营销的概念，他认为，每个地区都会为自己的地区利益进行事实上的竞争。这种竞争关系决定了地区的区域营销的存在。在国家之间，国家的省市之间，由于其自身的区域利益，不可避免地会发生事实上的竞争，并且为了获得竞争优势，地方政府必须进行事实上的区域市场营销，这种政府区域营销的效果，会直接影响到当地经济发展的速度、企业经营的水平和居民生活的质量。

（二）政府营销的目的

国家不仅仅是一个巨大的消费市场，更是一个庞大的营销机器。政府是这个庞大营销机器的监管者，而企业则是使之不断良性运转的轴承。因此，政府不仅要时时刻刻给高速运转的企业添加润滑剂，更要激活自己的能量。

因此，整合社会资源，促进投资发展，建立以市场为导向的运营模式，并建立国际化、标准化、透明化的投资服务平台是政府营销的主要目的。政府营销力求将政府视为一个企业,将政府拥有的各种资源和优势加以整合,并以现代市场营销的方式向广大受益者提供政府的公共产品或者服务。

二、政府营销应注意的问题

中国各级地方政府实际上把持着各地最主要的经济资源。他们拥有的权力是所有企业所无法拥有的。因此地方政府在经济发展的背景下自然而然地充当起了一个地方营销者的角色,如城市的定位、城市产业的发展方向的确定、优化地方消费结构等。

但在政府营销的大量案例中,也有个别不成功的。因此,为了确保政府营销成功,我们必须注意如下问题。

(一)政府的操作方式

每个国家、每个城市都拥有自己的文化等核心营销资源,但政府的不科学操作很容易破坏其外在形象。文化等资源是创建品牌最为核心的东西,通常打造一个能够在消费者心目中站得住脚的品牌是相当困难的,但如果通过附加一个有竞争力的地域城市属性就会加快这个品牌的确立。而任意地改变或歪曲文化个性,将给地方产品的竞争力带来很大的损害。

(二)政府的产业政策

地方政府的产业政策直接决定地方经济发展的动力。近年来房地产业越来越成为很多地方产业的主要力量,是地方政府的主要收入之一。然而就房地产而言并不能带来市场真正的繁荣,因为短期的价格上涨只能带来极少数投资者及政府的盈利,对实际购房者而言只是对他多年积蓄的一次"掠夺",将严重影响其对其他产品的消费。近来的部分消费品价格上涨有其成本上涨因素,但更多的是消费者受房价上涨而产生的心理影响。严重不足的购买力是不能使价格上涨维持很久的。政府应增加大多数人民的收入,切实提高整体消费能力。因此政府的产业政策是非常关键的,处理不好可能会在整体上削弱地方经济发展的动力。

综上所述,政府对企业营销成果的影响一直以来都是非常重大的,因为政府的力量足以影响或决定目前中国消费者的采购信心、动机与能力。同时,政府营销如果不是以服务消费者为目的,而仅仅是对自己的投资项目或政绩服务的话,那就是一件相当可怕的事情,因为这就意味着当地的消费者将面临一次被强加的、无望取胜的竞争,面临一次"掠夺"。

第二节　服务市场营销

一、服务市场营销的含义、特点及原则

（一）服务市场营销的含义

服务市场营销从内涵上讲，包含两方面的含义。第一方面的含义是将服务作为营销中的一种理念和概念要素，指企业在充分认识消费者需求的前提下，为充分满足消费者需要而在营销过程中所开展的一系列服务活动。事实上，服务作为一种理念，其运作的好与坏是营销的所有环节和所有要素能否都达到目标的一个基本因素。第二方面的含义是将服务作为一个产品，指企业围绕服务这一较为特殊的产品所进行的全部营销活动。本节所讨论的服务市场营销就是以此含义为基点的。

（二）服务市场营销的特点

由于服务产品的特殊性，其市场营销亦具有相应的特点。

1. 营销方式单一性

有形产品的营销方式包括经销、代理和直接销售多种营销方式。有形产品在市场可以多次转手，经批发、零售多个环节才使产品到达消费者手中。服务营销则由于生产与消费的统一性，决定其只能采取直销方式，中间商的介入是不可能的，储存待售也不可能。服务营销方式的单一性、直接性，在一定程度上限制了服务市场规模的扩大，也限制了服务业在许多市场上出售自己的服务产品，这给服务产品的营销带来了困难。

2. 对服务人员的技术、技能、技艺要求高

服务者的技术、技能、技艺与服务质量直接相关。消费者对各种服务产品的质量要求也就是对服务人员的技术、技能、技艺的要求。服务者的服务质量不可能有唯一的、统一的衡量标准，而只能有相对的标准和凭购买者的感受。

因此，为保证满足消费者需要，对服务人员的技术、技能、技艺要求就比较高。

3. 营销对象复杂多变

服务市场的购买者是多元的、广泛的、复杂的。购买服务的消费者的购买动机和目的各异，某一服务产品的购买者可能牵涉社会各界各业，以及各种不

同类型的家庭和不同身份的个人，即使购买同一服务产品，有的用于生活消费，有的却用于生产消费，如信息咨询、邮电通信等。

（三）服务市场营销的原则

服务市场营销是一种通过关注消费者，进而提供服务，最终实现有利的交换的营销手段。实施服务营销首先必须明确服务对象，即"谁是消费者"，并狠抓"消费者关注"工作质量。事实证明，"消费者关注"工作质量的高低，直接影响服务市场营销的整体效果。因此，"消费者关注"工作必须遵循以下几项原则。

1. 留住老消费者

获得新消费者比保留现有消费者的成本更高。当公司想扩大市场份额时，他们倾向于将更多的精力放在开发新消费者上，但是开发新消费者将比保留现有消费者付出更多的代价。此外，调查数据显示，新消费者的期望值通常高于老消费者。这极大地影响了开发新消费者的成功率。必须承认的是，新消费者是新市场的代表，是需要关注和重视的，但我们必须找到新消费者和旧消费者之间的平衡点，而这个支点需要每家企业不断地摸索。

2. 认真对待不满意的消费者

不满意的消费者比满意的消费者拥有更多的"朋友"。竞争对手会利用消费者的不满情绪，逐步蚕食其忠诚度，同时在消费者群中扩大不良影响。因此，一定要认真对待不满意的消费者。

3. 倾听消费者意见

企业必须倾听消费者的意见以了解他们的需求。为消费者服务不能是盲目的，要有针对性。企业必须倾听消费者的意见，了解他们的需求，并在此基础上为消费者服务，这样才能做到事半功倍，提高消费者的忠诚度。

4. 从消费者的角度看待自己的产品

如果企业不愿意相信，又怎么能希望消费者愿意相信？企业在向消费者推荐新产品或是要求消费者配合进行一项合作时，必须站在消费者的角度，设身处地考虑。如果自己觉得不合理，就绝对不要轻易尝试。企业的强迫永远和消费者的抵触在一起。

二、服务市场营销战略管理

（一）服务市场细分

任何一种服务市场都有为数众多、分布广泛的服务需求者，由于影响人们需求的因素是多种多样的，服务需求具有明显的个性化和多样化特征。任何一个企业，无论其能力多大，都无法全面满足不同的服务需求，都不可能为所有的购买者提供有效的服务。因此，每个企业在实施其服务营销战略时都需要把其服务市场或对象进行细分，在市场细分的基础上选定自己服务的目标市场，有针对性地开展营销组合策略，才能取得良好的营销效益。

（二）服务的差异化

服务差异化指服务企业面对较强的竞争对手而在服务内容、服务渠道和服务形象等方面采取有别于竞争对手的措施，突出自己的特征，以战胜竞争对手，在服务市场立住脚跟的过程。其目的是要通过服务差异化，突出自己的优势，与竞争对手相区别。

（三）服务的有形化

服务有形化指企业借助服务过程中的各种有形要素，把看不见摸不着的服务产品尽可能实体化、有形化，让消费者感知到服务产品的存在的过程。服务有形化包括三个方面的内容。

1.服务产品的有形化

服务产品的有形化即通过服务设施等硬件技术，如自动对讲、自动洗车、自动售货、自动取款等技术来实现服务自动化和规范化，保证服务行业的前后一致和服务质量的始终如一；通过能显示服务的某种证据如各种票、券、牌、卡等代表消费者可能享受到的服务，区分服务质量，变无形服务为有形服务，增强消费者对服务的感知能力。

2.服务环境的有形化

服务环境是企业提供服务和消费者享受服务的具体场所和气氛，它虽不构成服务产品的核心内容，但它能给企业带来"先入为主"的效应，是服务产品存在的不可缺少的条件。

3.服务提供者的有形化

服务提供者是指直接与消费者接触的企业员工，其所具备的服务素质和性格、言行以及与消费者接触的方式、态度等如何，会直接影响到服务营销的实现。为了保证服务营销的有效性，企业应对员工进行服务标准化的培训，让他们了解企业所提供的服务内容和要求，掌握进行服务的必备技术和技巧，以保证他们所提供的服务与企业的服务目标相一致。

第三节 国际市场营销

一、国际市场营销的含义、类型及意义

（一）国际市场营销的含义

所谓国际市场是指本国以外的其他市场，即在全球范围内，不同国家和地区在世界各地通过对外贸易而进行商品交换的场所或各国市场的总和，它是加强国际的相互联系和进行技术交流的桥梁，是国内市场的延伸和扩展，也是发展国际分工协作的渠道。各个国家通过国际市场，可以达到内外交流，互通有无，相互帮助，共同发展的目的。

国际市场营销简称国际营销，是指企业通过满足国际市场的需要，为实现自己的战略目标而进行的多国性市场营销活动。国际市场营销是企业超越国界的市场营销活动，是企业通过计划、定价、促销和引导，创造产品和价值并在国际市场上进行交换，以满足多国消费者的需要和获取利润的过程。

（二）国际市场营销的类型

国际市场营销是世界经济发展的必然产物，它作为进军国际市场的企业行为，是跨越国界的市场营销活动。一个企业进入国际市场，由于营销目标、实力以及营销经验不同，国际营销开展的程度也不同，为此可以把国际市场营销分为以下几个类型。

1. 被动的国际市场营销

这类企业的目标市场在国内，内部未设专业的出口机构，也不主动面向国际市场，只是在国外企业或本国外贸企业求购订货时，产品才考虑进入国际市场。其产品虽进入国际市场，但显然是被动的而非主动出击，因此属于最低层次的国际市场营销。

2. 偶然的国际市场营销

这类企业的目标市场仍然在国内，一般也不设立对外出口机构，但在某一

特殊情况下却主动面向国际市场。企业偶然面向国际市场，主要是因为某一时期国内市场供过于求、竞争激烈或因其他原因一次性外销产品，将国外市场视为短期销售地。当国内供求及竞争趋于缓和时，企业又转向国内，生产本国市场所需要的产品。

3. 固定的国际市场营销

这类企业的目标市场既有国内市场也有国际市场，一般情况下，会成立专门的出口机构，甚至在国外成立分销机构。在不放弃国内市场的前提下，企业制定国际市场营销战略，专门开发国外消费者所需的产品，针对国际市场营销环境，制定国际市场营销组合策略，参与国际竞争，企图提高市场地位。

4. 完全的国际市场营销

这类企业完全把国际市场作为目标市场，甚至把本国市场视为国际市场的一个组成部分。它们一般在本国设立公司总部，在世界各国发展参股比例不等的子公司，并在这些国家从事生产经营活动，其产品、资源在国际市场流通，依靠国际市场获得利润。

以上几个类型，反映了国际市场营销的历史进程，其中前两种类型属于国际市场营销的初级形式，后两种类型则属于国际市场营销的高级形式。由于各个企业处于国际市场营销发展的不同阶段，因而必须据此来确定自己的营销策略，以便达到预期的目标。

（三）开展国际市场营销的意义

积极开展国际市场营销，从宏观上和微观上都具有重要的意义。

1. 推行经济建设

世界各国经济、技术发展不平衡，特别是科学技术高度发展的今天，任何一个国家都不可能拥有本国经济所需要的一切资源，更不可能拥有发展需要的所有先进技术。要加速发展本国经济，就需要积极开展国际市场营销，将国内产品打入国际市场，顺利实现产品的价值并获得更多盈利，通过出口创汇，引进先进的、科学的技术和设备，加速本国的经济发展。

2. 规避经营风险

在本国经济不景气时，积极开拓国际市场，寻求有利的市场机会，在一定程度上避开国内市场饱和与过度竞争给企业带来的损失。同时，对于跨国公司来说，开展多国的市场营销，可以在全球范围内选择有利的市场机会，保证企业的健康发展。

3. 加速企业成长

积极开展国际市场营销，使企业投身到激烈的国际市场竞争中去，可以提升企业的生产发展能力。对于我国这样一个发展中国家来说，加入世界贸易组织对众多的企业既是压力又是动力，既有挑战又有机会，在我国现代化建设过程中，鼓励国内企业积极开展国际市场营销，参与国际竞争，可以在强手如林的激烈竞争中锻炼企业，在融入世界经济主流的同时从根本上转变我国企业的发展思路，锻造出适应国际竞争环境的新型现代企业。

二、国际市场营销的比较

（一）国际市场营销与国内市场营销的比较

国际市场营销学的基本原理和方法同基础市场营销学并无多大差异。许多指导国内企业营销的原理和方法，诸如市场营销调研、消费者行为分析、选择目标市场、营销组合策略、营销战略计划、营销管理等，均可用以指导国际市场营销活动。但是国际营销绝非国内营销活动在地域范围方面的简单扩大和延伸。以国际营销为导向的企业必须在全面了解、掌握国内营销一般基本原理的基础上，进一步掌握国际营销的特殊性。两者的主要区别表现在营销环境和营销策略等方面。

1. 市场营销环境不同

营销的任务是要运用企业的可控因素对企业外部的不可控因素做出积极的动态的反应，从而实现企业预定的营销目标。国内营销是在企业熟悉的营销环境（包括人口、经济、社会文化、政治法律及竞争环境）中开展的，国际市场营销则要在一国以上的不熟悉的营销环境中开展，同时还要受国内宏观营销环境的影响。因此，当企业跨越国界，开始在国外经营商务活动时，它会面临广泛的环境差异问题，这些问题对于企业能否实现它的营销目标来说是举足轻重的。识别环境差异并非易事，因为人们通常有这样一种习惯，喜欢以自己的价值观去衡量和评价别国人民的行为，结果往往做出错误的判断。再者，环境是不断变化的，因此国际营销企业必须提高对环境的敏感性，正确鉴别环境的变异因素，根据各国的环境差异来调整自己的职能机构和营销策略。

2. 市场营销组合策略有区别

国际市场营销活动受到双重环境，尤其是各国环境的影响，使营销组合策略复杂得多，难度也比较大。

第一，在产品策略方面，国际市场营销面临产品标准化与差异化策略的选择。

第二，在定价策略方面，国际市场定价不仅要考虑成本（包含运输费、关税、外汇汇率、保险费等成本），还要考虑不同国家的市场需求及竞争状况。此外还要考虑各国政府有关价格调控的法规。

第三，在分销渠道方面，各国营销环境的差异，造成了不同的分销系统与分销渠道。各国分销机构的形式、规模不同，从而增加了管理的难度。

第四，在促销策略方面，由于各国文化、政治法律、语言、媒体、生产成本等不同，企业在选择促销策略的时候更复杂。

3. 国际营销战略及营销管理过程更复杂

由于不同国家和地区的营销环境有很大的差别，所以，每个国家的消费者的需求往往也差异巨大。如制订国际营销战略计划及进行营销管理，既要考虑国际市场需求，又要考虑企业决策中心对计划和控制承担的责任应当达到什么程度等问题。

（二）国际市场营销与国际贸易的比较

国际贸易是指世界各国相互之间产品和劳务的交换活动，它与国际市场营销一样，是一种超越国界的经济活动，最终目的是获得利润收入。两者存在一些共性和相似之处，但同时也有许多重要差异。

首先，国际贸易包括进口贸易和出口贸易两个主要方面，而国际市场营销仅强调"售出"这一方面，即分析国际市场需求，提供适销对路的产品或劳务，从而获得收入。

其次，国际贸易中的产品或劳务的交换必须超越国界，真正从一国转移到另一国。而国际市场营销，只要求企业所进行的营销活动超越国界，而对具体交换的产品和劳务来说，可以超越国界，也可以不超越国界。例如，在国外生产，就地销售，可以说是一种国际市场营销活动，但是，因为没有产品或劳务的国际转移，就不能说是一种国际贸易活动。因此，反映到统计数据上，就表现为国际市场营销额往往大于国际贸易额。

当然，两者除了以上两点主要区别外，在原动力、行为主体、信息来源及活动的整体性等方面也有差别。

（三）国际市场营销的特点

由于经营的国际性、市场的异国性、竞争的多国性，国际市场营销环境具有自己的特点。

1. 政治环境复杂，营销难度大

当今国际市场，随着科技进步和经济高速发展，竞争特别激烈。在激烈竞争的形势下，工业发达国家为了维护其在国际市场上的垄断地位，一方面实行贸易保护主义，采取关税壁垒、大量倾销等方式争夺市场；另一方面，凭借其雄厚的技术与资本实力，实行商业资本与金融资本相融合，组织跨国公司，企图继续垄断国际市场，而发展中国家则尽力发挥其劳动力资源、自然资源丰富和廉价的优势，并积极采用新技术，利用外国资金，力争以物美价廉的产品参与国际市场竞争。由此可见，进入国际市场营销的困难很大。

2. 目标市场情况复杂，营销技术要求全面

国际市场情况复杂且存在着许多障碍，这些障碍主要包括语言障碍、贸易政策障碍、海关制度及其他贸易法规障碍、货币与度量衡制度障碍、商业习惯障碍、交易技术障碍、市场调查预测障碍等。要想在国际市场中取胜，就必须掌握更为全面的营销技术，克服这些障碍。

三、国际市场营销环境分析与国际市场调研

（一）国际市场营销环境分析

企业的国际市场营销环境是不断变化的。这些变化既能给企业带来新的市场营销机会，又能对企业当前或未来的营销构成威胁。因此，企业进行国际市场营销时，首先必须分析国际市场营销环境，评估国际市场营销机会。国际市场营销环境主要包括政治、法律、经济、技术、社会文化等因素。

政治因素中主要注意分析本国与东道国的政治关系和东道国的政治环境两方面的因素。在东道国的政治环境的分析方面，要注意以下几点。

第一，东道国的经济控制状况，即政府对经济活动的控制力度。

第二，东道国对国际贸易和外国投资的态度，即东道国政府出于自身的利益而对国际贸易和外国投资所采取的态度。

第三，东道国政府在经济活动中所扮演的角色，即政府可能由于种种原因，对企业活动采取干预措施，如没收、外汇管制、进口管制、价格管制等。

第四，政府政策的稳定性，即判断政策的变化是循序渐进的，还是突发性的。

第五，政治风险，即东道国因各种政治因素和政治阻力所造成的风险，例如，采取没收或征用和本国化等手段，使跨国公司的全部或部分资产所有权丧失，或者由于限制性的政策措施而导致跨国公司下降。

与政治环境密切相关的是法律环境。其中对国际市场营销产生最直接影响的是与外贸有关的法律和规定，如各种专利法、商标法、商检法、税法、海商法、合同法、仲裁规则、投资法、票据法、广告法、环境保护法以及其他单行法规等。因此，企业应当对拟进入国的各种有关法规进行了解和分析，特别是关税、非关税壁垒和法律限制。

经济因素方面最重要的是研究各国的经济状况。它主要包括经济体制、经济发展水平、人口情况、人均国民收入水平。这些因素决定着该国消费者的需求与购买力，从而影响国际市场营销。

技术因素是国际市场营销的一个重要因素，日新月异的科技发展创造了无限的变革机遇。各国各地区科技发展水平有高有低，差距很大。各国科技发展也各有侧重，各有特点。进入国际市场的企业，应当重视发扬本国科技特长，争取竞争优势。准确认识各国的科技水平，有助于引进适合本国国情的科学技术、设备和商品，加速国家经济建设，提高人民生活水平。同时，经营出口业务的企业，也只有在准确认识拟进入国际市场的科技水平的基础上，才能加强自身经营业务的适应性。

社会文化因素也是影响国际市场营销的一个重要因素，影响企业国际市场营销的社会文化因素很多，主要有物质文化、语言、教育、风俗习惯、宗教信仰等。

（二）国际市场调研

国际市场调查研究的对象范围较大，需依企业的具体目标与要求而定。通常从市场营销的先后顺序来考虑，调查研究的对象有如下几个方面。

1. 是进入国际市场还是在国内经营

企业需要了解有关国际市场营销机会的信息：本企业产品的国际市场容量；企业潜在市场占有率；其他竞争对手的地区分布和竞争力量。企业应凭借对国际国内市场的比较来评价出口机会，看一看国内市场与国际市场哪一个潜力更大一些，是否值得或值得以多大的力量去开拓国际市场。

2. 进入哪个市场或哪些市场

需要调查目标市场的潜力、目标市场竞争的情况、目标市场的政治局势等信息。目标市场的潜力必须结合当地国家政治经济情况通盘考虑。掌握目标市场的竞争情况主要包括掌握竞争对手的数量、目标、优势、能力以及营销策略的变化等内容。目标市场的政治局势主要指目标市场政治环境是否稳定以及两国政府之间的关系是否正常。企业进行国际市场经营一定要考虑这一问题，如果目标市场的政局不稳定，或者两国政府之间的关系紧张，势必影响到本企业在该国市场的营销绩效。

3. 企业采取什么方式进入国际市场

可供选择的各种进入国际市场的方式，涉及企业在国际市场的卷入程度。企业在国际市场上的卷入程度分为三个层次，即国际经营、国外经营和多国经营。从事国际经营，企业进入国际市场的方式有间接出口、直接出口、国外装配、合同制造、许可证贸易。随着企业从事国际市场经营实力的增强，下一步开始进行国外经营。从事国外经营，企业进入国际市场的方式有在国外设立市场经营子公司和完全占有外国生产。最后，企业可以发展到从事多国经营。为了决定进入方式，企业需要调查研究目标市场的规模；当地政府对进出口的限制，如关税、配额等；当地的竞争情况；运输费用；当地的政治局势等信息。

4. 制定什么样的国际市场营销策略

需要调研的信息有购买者的购买行为（包括消费倾向、购买动机、购买习惯、购买方式以及集团购买行为等方面的信息）和竞争对手的国际市场营销策略（包括竞争者的产品、价格、分销渠道、促销等方面的信息）。上述情况对于企业来说是不可控制的因素，而 4P 营销组合是企业可以控制的。企业必须依据目标市场的情况，制定相应的市场经营策略，把四项活动进行最佳组合，使它们相互结合起来，综合发挥作用，从而取得国际市场经营的成功。

四、国际市场营销组合策略

与国内市场营销相同，国际市场营销也需要制定包括产品策略、价格策略、渠道策略和促销策略的市场营销组合方案。不同之处在于，国际市场营销环境与国内市场营销环境存在差异，所以，企业在一个或几个国外市场开展业务时，就必须制定出适应营销环境的营销组合策略。

（一）产品策略

产品策略一定要适合特定目标市场的要求。可以根据市场状况及企业本身条件，采取以下产品策略。

1. 直接延伸策略

直接延伸策略就是出口与内销一样的商品，并且使用相同的广告宣传方式。这是一种最简便最为经济的出口策略。

2. 宣传适应策略

宣传适应策略就是出口与内销一样的产品，根据市场需求改变推销宣传内容的策略。这是一种非常明智有效的策略，如运用得当，既省钱省事，又易见效。

3. 产品适应策略

产品适应策略就是更改产品，以适应特定的市场环境或消费偏好，而其推销和宣传的原则不变。这种更改包括产品功能、外观包装、品牌名称、商标设计和服务内容等的更改。功能的改变是产品更改的主要内容，有些产品在国内外市场上用途基本相同，但目标市场不一样，各地使用习惯就有差异。在此情况下，只要对该商品稍加改变，就能符合当地市场的要求。

4. 双重适应策略

双重适应策略即对商品和宣传都做相应的改变，以适应国外目标市场的需求的策略。从商品和宣传两个方面改变，实质上也就是扩大了原有产品的用途和销售对象。

5. 产品创新策略

产品创新策略就是制造新产品以满足国外目标市场的需要的策略，其是所有进入国际市场的产品策略中最费钱最有风险的一种，然而，一旦成功，企业获得的利润也最高。采用这种策略，关键在于预测市场发展趋势，发挥本国某些方面的相对优势和本企业的长处。

（二）价格策略

对于进入国际市场的企业，在大多数情况下，价格是一种被动的、难以控制的因素。一般地讲，价格是按成本加成法制定的，但在国际市场上价格还受对方关税、外销特别税、浮动汇率、国际市场供求状况等因素的影响。有些产品因受进口国实行高关税及反倾销法的影响，产品价格定得很高；有些产品进入市场是为了获取高额市场占有率或因产品滞销而实行变动成本定价导向而定低价；有些产品也可能按需求导向定价。

（三）渠道策略

如果将涉足国际市场喻为卷入波涛汹涌的大海，那么选择国际营销渠道，就好比选择渡海的航线。其选择是否得当，直接关系着航海人——企业的前途和命运。因此，选好最佳销售渠道，是所有外销企业都很关注的问题。

在长期的国际市场营销活动中，国际市场上形成了常见的国际销售渠道，它包括三个环节：一是出口国的销售渠道，包括企业本身；二是进口国国内的销售渠道；三是两国贸易双方之间的渠道，也就是国外市场上的进出口中间商。

选择什么样的渠道使商品进入国际市场，不能仅由企业的主观愿望和自身条件来决定，还要视各国现有的渠道模式来确定。由于不同国家生产力发展水平与社会传统习俗的差异，各国商业机构形式与规模大小有很大差别。发达资本主义国家的商业机构形式多样、商业网点林立，大规模自助服务的超级市场成为主要销售机构。第三世界国家，特别是经济落后国家的商业机构形式少，规模小，网点不多，小型商店或传统百货公司起着主要作用。各国的销售渠道不同，也影响出口商对销售渠道的选择。上述销售特点，影响企业对国际市场销售渠道的选择。由于企业采用不同的出口方式，分别使用自己的出口机构或不同类型的中间商，因此构成多种类型的国际市场销售渠道。

企业在选择销售渠道时，必须考虑能否满足企业的获利性、产品的可销性、市场的针对性、企业实力的允许程度等要求。

如何才能构建一种成本费用低、营销效率高，充满活力、便捷通畅，操作简单、效益良好的营销渠道呢，这在很大程度上取决于正确的渠道策略部署。营销渠道的策略是指打入企业构建营销渠道的战略决策，主要是决定使用不使用中间商，使用哪一级的中间商，使用多少中间商，即我们平时所讲的决定营销渠道的长度和宽度。

1.是否使用中间商

是否使用中间商，这是打入企业在进行国际营销时需要做出的第一个决策，即企业必须决定是通过在目标市场国设置销售机构或派出推销人员直接将产品销售给最终用户，还是将营销产品的事宜委托给中间商，由他们全权代理。

打入企业自行销售其产品的最大好处是可以实现对营销渠道的完全控制，取得目标市场的第一手信息资料，不必向代理商支付佣金，不仅可以将这部分利润留给自己，还可以在实践中不断地摸索和积累国际营销的经验。另外，营销自己的产品，利益直接，效果明显，必然是尽心尽力。然而，直销渠道的局限也是明显的。面对陌生的海外市场，不熟悉当地市场状况，没有谙熟营销技巧的代理商、经销商的协助，也没有多少知识与经验可借鉴，无疑会加大市场开拓的难度。更重要的，打入企业在目标市场自行设置营销机构必然会增加产品的销售成本，这包括基建成本、库存成本、利息成本（资金占用）、工资成本等，从而使销售费用上升。

由此可见，是否使用中间商，从根本上说并不是打入企业的一种主观选择，而是取决于企业经营实力的一种客观决定。只有那些经营实力雄厚的企业，既有充足的资本注入、丰厚的利润回报，又有跨国营销的经验，才能承担起自行销售产品的任务。而对于那些实力薄弱、经验不足的中小企业，要想使自己的产品踏出国门走俏海外，只有依靠中间商了。当然，也有许多实力雄厚的大企业，出于种种原因，也利用中间商来代理国外的产品营销业务。

当企业决定要通过中间商来开展海外营销业务时，还面临着是采取间接出口策略还是采取直接出口策略的问题。正如前面所介绍的，间接出口是指企业把产品先卖给国内出口贸易机构或代理商，再由他们负责在国际市场上销售。直接出口是指企业将产品直接出售给外国市场上独立的经销商或进口商。只是在直接出口的场合，企业才算真正迈入国际市场，开展产品的跨国营销活动。

2. 使用多少中间商

使用中间商的数目选择也就是营销渠道的宽度策略，使用的中间商多，称为"宽渠道"；使用的中间商少，称为"窄渠道"。渠道的宽窄策略大体上有以下几种情形。

（1）独家营销渠道策略

独家营销渠道策略是指企业在特定的目标市场上，只委托一家中间商包揽其产品的营销业务。进行独家营销的中间商在一定的区域和期间内，享受该产品的专营权和出口企业所提供的各种优惠，但同时要承诺不为其他企业营销同类产品。独家营销最适合推销那些性质特殊的产品，特别是高档名牌产品。另外，像一些操作复杂、不易掌握的产品，如农用机械、建筑机械、商用、办公设备、大型医疗器械、科研设施以及复杂的家用电器等，用独家营销渠道也比较适宜，因为这些产品在售前往往要进行现场演示，售后还要提供运输、安装、调试、维修、人员的技术培训等服务。如果选择的营销渠道过宽，营销网络分布过广，则容易使厂商精力分散、顾此失彼，不如选择独家营销，效果会更好些。

选择独家营销渠道策略，具有下列优势。

第一，有益于厂商对于市场的了解和控制。信息反馈渠道直接，所提出的促销计划易于得到中间商的合作，厂商的意图容易贯彻实现。

第二，可以简化销售环节，减少运输费用，提高营销效率，节省厂商的销售费用。

第三，有利于利用中间商在当地已经开辟的营销渠道，并通过委托授予专卖权调动中间商的积极性，也有利于使中间商增强竞争实力，尽可能阻止新产品进入竞争市场。

第四，有助于厂商树立自己产品的新形象，尤其是营销那些高档消费品。

然而，独家营销也有其局限性。

第一，由于目标市场地域广阔，只通过一家中间商独家营销产品，往往会因其推销能力有限，广告宣传不足而失去应有的消费者，以至影响产品的销售量。

第二，只选择一家中间商独家营销，一旦选择有误，营销不力或因某种原因双方关系破裂，或需要更换新的合作伙伴，都会使厂商处于非常被动的境地，至少在一段时间内会丧失该目标市场。

第三，由于厂商将自己的全部营销业务委托给一家中间商，从而使双方发生矛盾的机会也增多了。尤其是在限制中间商为其他企业营销同类产品和独家营销的地区范围划分上，很容易发生分歧和纠纷，在产品定价、营销方式、对待竞争产品的态度上，意见也往往难于协调一致，这些分歧和纠纷如果处理不当，很容易导致双方合作关系的破裂。

（2）广泛的营销渠道策略

广泛的营销渠道策略是指打入企业将自己的跨国营销业务委托给尽可能多的中间商，开辟广泛的营销渠道，或是说，选择宽的渠道策略。这一策略对所选择中间商的地位和营销能力并没有特殊严格的要求，其目的在于挖掘潜在消费者，加快商品的周转速度。以将部分利润让渡给中间商作为代价，充分动员各种营销渠道的力量，发挥各自的优势，以求薄利多销，排挤竞争产品，尽量增加自己产品的市场占有份额。

广泛的营销渠道策略通常适用于日常消费品，尤其是经常需要补充供应和标准化的工业品，如生产工具、润滑油等。由于中间商不愿负担广告费用，企业在实施这一策略时，需要自行承担全部广告宣传费用，并应注意维护自己产品的形象，创造尽可能好的条件，吸引各类中间商乐于为自己推销产品。

当然，对于各种中间商的广泛使用过程，也是一个在产品销售过程中对中间商的营销能力、水平和质量不断考核、鉴别、筛选的过程。通过企业对渠道策略的不断调整、转换，在中间商之间营造一种竞争气氛，当消费者对产品已经逐渐熟悉，新产品的销路已经打开时，便可以对原来采用的广泛营销渠道策略进行调整，对所使用的中间商及营销渠道进行评价和筛选，淘汰那些效率低、作用小的中间商，转而实行有选择的营销渠道策略，以减少销售成本，提高营销利润。

（3）有选择的营销渠道策略

有选择的营销渠道策略是指打入企业在特定的目标市场上，根据自己的产品特点和经营目标，经过较严格的考核筛选，确定少数几家符合企业要求的中间商，来专门营销自己的产品。打入企业选择这一渠道策略，是为了保证企业产品在有足够的市场占有份额的同时，加大对营销渠道的控制力度。与广泛的营销渠道策略相比较，采取这种策略营销成本明显降低，并能保证相当的产品销售量。由于具有较大的灵活性，因此便于企业根据不同的渠道销售状况进行调整，决定是继续保留，还是予以淘汰。筛选的过程，实际上是渠道不断优化的过程。鉴于营销比较集中，中间商愿意在广告宣传方面进行合作，经销商彼此间削价竞销可以使企业的产品有所改进。

这一渠道策略适用于大部分产品，特别适用于消费品中的选购品和工业品中的某些配件。因为消费者或工业用户在采购这些产品时，非常重视这些产品的品牌和质量，要经过几番比较才做出购买决定，所以如果选用的中间商过多，既要支付过多的营销费用，又难以收到预期的销售效果。相比之下，还是选择几家资信状况良好、能力强的中间商为好。对于打入企业，到底是选择宽渠道还是窄渠道，要视目标市场的状况而定，并要及时调整转换。例如市场需求上升，产品日益普及，对于原来仅限于在专业特许商店销售的商品，应适时增加销售渠道；原有销量较小，只依靠批发商的产品，当需求迅速上升时，也可直接与零售商挂钩，以扩大销量，或将产品直接销售给消费者。而当市场需求下降或市场出现强有力竞争者，企业产品销量下降时，也可以适当缩减渠道，节省费用，并可以根据营销需要增加或淘汰中间商。

3. 中间商的选择

不管是使用宽渠道，还是利用窄渠道，都是要委托中间商来代理产品的营销业务的，因此对于打入企业来说，对于营销渠道的选择说到底是对中间商的选择。中间商选择的好坏，直接关系到打入战略的成功与否。根据现代营销学的观点，选择一个好的经销商要比选择一个好的市场更重要。

（1）中间商的选择标准

选择中间商首先要根据企业的打入战略、目标市场的实际状况制定全面、细致的选择评价标准，主要包括以下几点。

第一，目标市场的需求状况。中间商是连接厂商和消费者的桥梁，中间商将来运作得如何，在相当程度上取决于目标市场的消费需求。只有在中间商的营销对象（消费者）需求与打入企业产品所要进入的细分市场相吻合的时候，打入战略才有成功的可能。供求一致、产销对口，这是选择中间商的首要条件。

第二，中间商的营销实力。这主要是指中间商的资金和财务状况。那些资金雄厚、财务状况良好的中间商，不仅能按期付款，还可以对企业提供必要的财务帮助。如果中间商的财力薄弱、运转不良，难免会遭遇拖欠货款，使企业遭受损失。此外，还要考核中间商是否具备必要的运输、仓储设备和条件，这对于某些生产大宗产品或时令产品的企业来说是至关重要的。

第三，中间商的管理经验和水平。管理是现代企业经营的灵魂，能够找到一个具有丰富的管理经验和较高管理水准的中间商，产品的营销等于成功了一半。这涉及中间商的商品营销能力及市场信息的搜集、分析、反馈能力，管理人员的素质等。只有那些筹划周全、预测准确、决策果断、运行有序的中间商才是可供选择的人选。

第四，中间商的空间位置。作为沟通产销、连接供求的中间环节，中间商所处的空间位置对于产品营销的成功与否具有重要的意义。理想的中间商的空间位置应尽量靠近目标市场的消费者；零售商应处于消费者聚集地和消费者经常光顾的地点；批发商的位置则应能发挥其运输、仓储、运送货物的功能，并要节约各种费用，以降低销售成本。

第五，中间商所能提供的各项服务。根据现代营销思想，产品的售卖只是整个营销过程的一个环节，在日趋激烈的销售竞争中，仅仅靠质量好、价格低等传统竞争手段已经远远不够了。能否提供方便周全的售前售后服务，已成为吸引消费者、争夺消费者的主要措施。许多产品，尤其是机电产品，售后的服务实际已经构成了售卖活动的一个重要组成部分，如提供零配件维修服务等。有些产品，必要时还需要提供技术服务和资金服务。因此，能否提供此类服务，便成为选择中间商的重要条件。

第六，中间商的信誉。在选择中间商时，首先要做好中间商的资信调查，考核中间商的营销历史、经营方式、盈利水平、守法程度等，做到知根知底、心中有数，避免受到商业欺诈及遭受不应该的损失。

第七，中间商的效益。这主要从推销数量和推销成本来考虑。例如，中间商是否愿意承担部分广告费用和其他促销活动费用等。

第八，中间商营销产品的性质。由于中间商经常为许多家企业代理产品的营销业务，所以，打入企业在选择代理商时，要考察他们正在销售的产品是否对自己生产的产品构成竞争威胁。通常要尽量避免使用那些正在推销对本企业产品产生竞争威胁的企业的产品的中间商，避免自己的产品刚一进入市场便在消费者的比价中失去实现机会。当然，事情也并非绝对的，如果自己的产品无论在质量上还是在价格上都明显优于对方，这一点便不足为虑了。

（2）中间商的选择步骤

对于打入企业来说，制定营销策略和选择评价标准并不困难，困难在于将这些策略和标准付诸实施，关键的任务是要获得有助于选择和确定具体中间商的信息，发现可以委托营销自己产品的中间商。根据凯特奥拉教授的理论，首先是要寻找中间商，即通过各种渠道搜集中间商的信息。这些可提供信息的渠道有商务部、市场上出售的各种商业名录、外国驻华领事馆、驻外商会团体、其他生产类似商品的制造商、中间商协会、商业出版物、管理咨询机构、货运公司尤其是航运公司。通过上述渠道，可以获得大量有关中间商的原始资料，通过对这些资料的筛选，可以将那些资金不足、经营不善，或者干脆就是皮包公司的中间商逐一淘汰，从而逐渐接近理想的目标。

筛选的步骤如下。

第一，向每个候选的中间商发出一封用其本国文字书写的信函，内容包括介绍产品情况，说明对经销商的要求。

第二，在收到回复信函后，从复信中选出一批最适宜的候选人，发出第二轮信函，进一步了解更为具体的情况，如经营商品种类、营销覆盖区域、公司规模、营销人员数量及其他有关的背景材料。

第三，向消费者了解该中间商的信誉和经营状况。

第四，如果需要，可以派人到最有希望中选的中间商公司进行了解、考察。

也有人认为，选择中间商的唯一方法是亲自去目标市场国访问商品的最终用户，听取他们的意见，看他们认为谁是最好的中间商。逐一拜访他们所推荐的每个中间商，然后再从中选出最为中意的中间商，这个中间商应该是"喜欢经销新的产品，并以成功销售为己任"的杰出人才。如果实在找不到如此杰出的代理商，也不能随意凑合，宁缺毋滥，因为在大多数场合，除非制造商在目标市场国已有很高的知名度，否则中间商的信誉就代表了制造商的信誉，一旦选择失误就会后患无穷。中间商一经选定，便要通过谈判协议将这种合作关系固定下来，并使之具有法律效力。所有的协议都必须明确规定制造商和中间商的具体责任，包括最低年销售额的规定。最低销售额可以作为评价经销商业绩的基础，如果达不到这一指标，制造商有权终止协议。一些有经验的出口商建议，开始签订合同最好以一年为限，如果第一年的合同执行情况令人满意，再考虑续签。这样，制造商可以把握主动权，便于中止协议，但更为重要的是，唯有在共同合作一年之后，一般才可能制定更为切实可行的协议。至此，中间商已经选好，合作纽带已经结成，适销的产品和良好的信誉，干练的谈判者和推销员，对市场、中间商以及工作环境的深入了解，会使产品在目标市场国取得良好的营销业绩。

（四）促销策略

企业进行国际市场促销工作，是以提供信息的方法帮助中间商、最终用户认识本企业的经营特色，以达到创造需求、引导需求、稳定销售的目的的。为此，必须制定有效的促销策略。

企业在制定国际营销促销组合策略时，应综合考虑不同商品的特点、营销目标、经营状况、市场环境、促销目标和限制条件等因素，并灵活运用，进行有效的促销组合。除此之外，还要考虑产品的价格、企业的促销预算、竞争对手的情况等因素，根据目标市场的具体情况，做出最佳的促销策略选择，以促进企业实现其国际市场营销目标。

1. 国际人员推销策略

（1）人员推销的概念及特征

人员推销，是指由企业派出推销人员或委派专职推销机构，向目标市场消费者介绍和销售产品的经营活动。与其他几种促销方式相比，人员推销是一种特别有效的工具，因为它具有其他促销方式所缺乏的固有条件，即个人之间的接触，这使得它具有一些特征。

第一，人员推销具有很大的灵活性。人员推销的本质特征就是推销人员要与消费者保持密切的、直接的联系。推销人员可以在不同的环境下，根据不同潜在用户的要求和购买动机，有针对性地进行推销；也可以迅速及时地获知消费者的反应，并据此适时调整自己的策略和方法，解答消费者的疑问，使买主产生信任感。因此，人员推销最容易使卖主与买主之间达成一种沟通。

第二，人员推销具有完整性，它可以直接促成购买。推销不仅承担了一般销售过程中的所有工作，更有一些超越一般销售的活动。完整的推销，自制订计划、寻找潜在消费者开始，要历经准备、拜访、洽谈、说服达成交易以至售后的服务等诸多环节，这当中的任何一步，推销人员都要事必躬亲。就这一点来说它就远不是其他促销方式可比拟的。

第三，人员推销具有较强的选择性，其无效劳动较少。推销人员在每次推销开始之前，可以通过分析，选择出具有较大购买可能性的消费者来开展工作；也可事先对未来的消费者做一番调查研究，并拟定具有针对性的推销方案和具体的方法、策略等，以提高推销的成功率，避免因盲目行动而产生无效劳动。

第四，人员推销具有情感性，能起到一定的公共关系的作用。推销是人与人之间的交往，而人都是有感情的，接触多了自然会有感情的撞击。由于推销人员在推销中一般都着力利用各种技巧和手段来培养这种感情，因此，他们大多能与消费者建立起比较融洽的关系。这样，销售自然容易成功。现在，国内外许多企业都不惜花费重金，礼聘一些有"路子"的推销员。他们的这些"路子"，除少数是有特殊背景者外，绝大多数都是长期交往所发展起来的友情和关系。

（2）人员推销的目标和任务

人员推销的最终目标是什么？这在具有不同营销导向的企业中，答案是极为不同的。从实践来看，传统观点认为，人员推销的目标就是追求最大的销售额，因此，推销员必须具有较高的推销技巧，必须能够冲破一切销售阻力和障碍。而企业在考核推销员的工作效益时，他们所完成的商品推销业绩则是唯一的标准。在现代企业中，这一观点已被彻底更改。人员推销的最终目标不再局限于销售额这一指标，而是要为企业带来最大的、长期的、稳定的利润及有利的市场地位。为此，推销人员不仅要懂得推销艺术，而且要懂得整体营销战略，并且运用于推销实践。推销人员要像企业营销决策人员一样去思考，要知道如何去发现、解决消费者的问题，并搜集市场情报，学会制定推销策略，赢得最高利润，而绝非单纯地追求销售额的多少。

这一新的、现代化的目标的提出和确定，也使人员推销的工作任务发生了巨大的变化。现在，人员推销的任务不再像过去一样，只是搞销售，相反，推销人员作为企业和买主之间的联系纽带，对消费者和企业都负有责任，虽然这两者之间有时是相互抵触的。对企业来说，推销人员的首要责任是为本企业创造出大量有利可图的买卖；其次是向企业提供信息反馈，报告关于其市场地区和个别买主的信息，使企业决策者及时了解市场的各种有关动态；最后推销人员还要在买主特别是老主顾心中树立信誉。从买主的角度来看，推销人员是能够辨别和解决问题的人。因此，推销人员要通过各种途径来帮助买方辨别和澄清问题，并找准机会，最终推销出自己的产品。在这一过程中，向买主提供产品和市场信息，以及现代经营管理方面的建议是必不可少的。在完成销售之后，推销人员还必须担负提供完善的售后服务的职责。

综合这两个方面的要求可以发现，现代推销人员的工作任务已远不止于销售，它包括寻找消费者、传递信息推销产品、提供服务、收集信息、分配货源等一系列内容。推销人员必须根据企业的要求和市场状况，及时完成各项任务。

（3）人员推销的形式和方法

人员推销的形式多种多样，既有等客上门站店式的销售，又有走街串户游动式的推销；既有针对最终消费者的推销，又有针对中间商或采购代理商的推销。这些形式各不相同，而每一种形式皆有其特点。零售店的营业员只接待最终消费者，虽也需一定的销售技能，但运用真正的推销技术不多；走街串户的推销也是一种常见的业务，它通常需要更高超的推销技术。因为推销人员对其走访的人们了解不多，且遇到的人会是各种各样的，因此，必须注意发挥个人的能动作用，包括技巧、毅力和耐心等。

许多推销业务是发生在推销员与中间商之间的。在这一活动中，有些推销员只是在现有的消费者中直接订货，而很少在新老买主中间推销新产品。后一种的推销工作显然需要更多的创造性。另外，向中间商推销不同于与一般消费者打交道，此时，推销工作的重点是推销知识而不是单纯地推销产品，即要对中间商提供信息和建议，来帮助中间商扩大销售、改进管理，从而扩大订货量。与中间商相类似，采购代理人也是职业买主，他们为工业企业、政府机构、学校、医院、旅馆等组织机构购买产品或劳务。他们本身具有丰富的产品知识和市场经验，同时希望买到价格公道和质量适宜的产品或劳务，也希望从卖主那里得到可靠的建议和供货。与他们打交道，对推销员的素质要求是较高的。

人员推销不仅形式多样，推销方法也灵活多变。概括起来，人员推销的方法主要有以下几种。①单个推销员对单个买主进行一对一的推销活动。②单个推销员对一个购买群体进行推销活动。③推销小组对某一个购买组织进行推销活动。推销小组通常由企业有关部门的主管人员、推销人员、专业技术人员等组成。④推销会议，即推销人员会同企业其他部门人员与有关买主以业务洽谈会的形式来推销产品。⑤推销研讨会。这是由企业的部分工程技术人员以技术研讨的形式向买方有关技术人员介绍某项最新技术及其在企业产品中的应用。其目的不只是达成交易，更重要的在于使用户了解某项新技术，增强用户对本企业的信心。

值得注意的是，现代企业的推销工作越来越注重集体的力量，往往需要不同部门人员的协调配合。在不同推销环境下，企业的推销人员也并不一定总是要处理整个销售业务，有时他们只是充当企业和用户之间的介绍人，促成买卖双方的联系和交往。

（4）国际人员推销的使命

国际人员推销在企业的国际营销活动中至关重要。虽然由于不同国家市场上的语言、伦理、宗教以及其他各方面差异的存在，加上跨国推销的费用开支巨大，人员推销在很大程度上是一种局限在某国国内甚至是某一区域市场内开展的活动，但在全球经济渐相融合，国际营销日益普遍的今天，人员推销在国际营销中的地位正变得越来越重要。虽然国际营销中企业所能利用的促销方式还有广告、公共关系、营业推广等，但它们不能取代人员推销，相反它们自身的效力在国际营销中倒常会受到不同程度的削弱。很明显，在他国开展公共关系活动肯定要比在国内更加困难，而在他国开展广告促销，则可能会受到从内容到媒介等诸多方面的限制。因此，在国际营销中，相对于其他几种促销方式，人员推销作为开拓市场的先锋，其"尖兵"作用越发表现得淋漓尽致，这从它在国际营销活动中所承担的艰巨使命中就可以看出。

开展国际营销的企业普遍认为，从事国际营销的推销人员的主要任务不仅仅是推销出产品，更重要的是要了解本企业的目标市场，认清具体的营销机会，摸清营销活动中的障碍及可能起影响作用的因素，并努力维系住已经占领的市场。具体来说，这些任务包括以下几项。

第一，了解东道国的市场状况。东道国市场行情的变化，直接关系到企业的生存和发展，推销人员对此必须加以密切的关注，并及时把有关信息传递给企业营销决策本部，以便采取相应的对策。为此，推销人员要完成的使命包括以下几点。在宏观上，要了解东道国政府对有关商品、市场的态度，防止企业遭受一些突发性事件的打击，如对某种产品的贸易管制等；要了解东道国市场目前的供求状况及其未来发展趋势。在此，特别要了解各种潜在的影响因素。在微观方面，推销人员要密切关注东道国消费者购买行为方面的变化，及时发觉新的消费需求和动态；要了解东道国各种中间商对市场所起的作用。

第二，了解有关企业及其产品状况。在他国市场上开展推销活动的人员，首先要了解本企业及其产品的状况；要了解企业开展经营活动的基本信念、原则和各种习惯做法，以妥善有效地处理好各方面的事务；要了解企业在目标市场上的地位及其在消费者心目中的形象、声誉；要了解本企业产品的优缺点及适应目标市场的程度，以及买主对本企业产品的反应等。此外推销人员也要了解竞争对手方面的一些基本情况；要了解竞争企业的历史、规模、经营的主要业务范围、在市场中的地位及其发展潜力，以及惯常采用的竞争手段等；要了解竞争对手产品的优缺点、在目标市场上适销的公众情况，以及它所采用的价格、渠道和促销策略等，尤其是在宣传促销方面，要了解它所采取的手段、使用的媒介、信息的特点和覆盖面等，从而真正做到知己知彼，百战不殆。

第三，熟练地掌握推销的专业知识，成功地把产品推销出去。推销人员的本职就是推销产品，肩负起这一使命自然是责无旁贷。推销人员要与消费者保持密切的联系，深入了解消费者的各种看法和意见，妥善处理好各种问题，强化与消费者的关系。在国际市场上，企业及产品之间的竞争更加激烈。如何在竞争激烈的市场上保持住已有的市场份额并不断扩大，一个重要的方法就是维系好与现有消费者的关系，这既可以保持住这一部分市场，也可以经由他们把企业的产品推广到更多的消费者手中。现代企业可以采取许多措施来强化自己与消费者之间的关系，但其中最基本也是最有效的办法就是搞好售后服务，为消费者提供周到良好的服务，及时帮助消费者解决各种问题，使消费者获得最大的满足。虽然这从表面上看会增加企业的支出，但由此而得到的好处却是难以估量的，因为一个满意的消费者所能产生的推销效果绝不是专业推销员所能比拟的，它会大大地带动和促进企业产品的销售。因此，现代企业对这方面的努力不应存任何犹豫。另外，欢迎消费者的批评、经常与消费者保持联系等，也都能起到深化关系的作用。

2. 国际广告促销策略

（1）国际广告的形式策略

第一，标准化策略和差异化策略。从事国际化经营的企业都面临着国际广告标准化或差异化的选择。所谓标准化，是指企业在不同国家的目标市场上，使用主题相同的广告宣传。而国际广告的差异化则是指企业针对各国市场的特性，向其传送不同的广告主题和广告信息。标准化的国际广告如美国万宝路香烟和麦当劳快餐店的宣传基本上采取的是标准化策略，使不同国家的消费者，看到美国西部风景、牛仔和骑马就联想到万宝路香烟，看到拱形的大 M 标志就联想到麦当劳快餐店。雀巢公司在世界各地雇用了 150 家广告代理商，为其在 100 多个国家的市场上做各种主题的咖啡广告宣传，运用的是国际广告差异化策略。

企业采用国际广告的标准化或差异化策略取决于消费者购买产品的动机，而不是广告的地理条件。无论是选择标准化还是差异化广告策略，其目的都在于将有关信息传递给消费者，使消费者理解及接受这些信息，促进企业产品的销售。

第二，形象广告策略与产品广告策略。

①形象广告策略。广告商的目标是塑造公司及其产品和商标的形象，并且对这种形象进行巩固，同时使消费者能够对公司及其产品产生信任，而不是简单地销售产品。形象广告的目的是获得长期稳定的利润，而不是追求短时间内的利润提升。这种广告内容真实，形象动人。比如，广告要表明产品的格调，塑造独特、典型的产品形象，进而塑造企业形象。

②产品广告策略。对产品的推广是产品广告的目的。产品广告通过对产品的特性和优点进行多种形式的介绍和宣传，使用各种有说服力的内容来诱导人们产生购买行为，如各种降价销售广告、抽奖广告等。形象广告与产品广告并非完全分离，形象广告的最终目标也是推销企业的产品，获得更大的利润，而产品广告也必须考虑产品形象、企业形象的建立，绝不能与产品、企业的形象相违背。

（2）国际广告的内容策略

第一，是以强调情感为主，还是以强调理性为主。以强调情感为主的广告成为情感诉求广告，以强调理性为主的广告成为理性诉求广告，诉求的方式和重点不同是两者的主要区别。目前，大多数国际公司都将情感诉求与理性诉求结合在一起，并以其中一种为主。例如，在竞争十分激烈的国际航空市场上，大多数航空公司都想树立起自己的独特形象，以吸引消费者。其中有一个不变的主题，如以新加坡空中小姐的微笑来吸引消费者，这是情感取胜的较成功的一例广告。

第二，是以对比为主，还是以陈述为主。对比广告，就是将企业产品与其他同类产品进行对比分析，以期明示出本企业产品的独特之处。目前，对比广告较为流行。但是，由于对比广告是一种较为敏感的广告，很多国家都制定了有关对比广告的法律规定，如德国就颁布了禁止对比广告的规定。因此，在运用对比广告时，要特别注意各国的法律规定，否则，很可能导致诉讼而遭受不必要的损失。

第三，是以正面叙述为主，还是以全面叙述为主。正面叙述是指在广告中只强调产品的优点，而全面叙述则是既讲产品优点也讲产品缺点。一般情况下，如果广告受众的文化水平高，则可采用全面叙述的方法。

（3）影响国际广告策略的主要因素

第一，产品的特性。一般来说，如果各国消费者需要相同的产品，如技术型产品，特别是高技术产品，像计算机、复印机等，就可用标准化策略。

第二，消费者的特点。在对各国目标消费者进行分析时发现，广告活动中有如下几个方面必须考虑。

①购买动机和使用习惯。如美国人在采购食品或日用品时，习惯于一次购买较多数量的同一商品，而西欧国家消费者则喜欢分几次购买。这就要求相关企业在广告宣传上有所侧重。

②不同国家的消费者对企业产品或服务的态度和购买的着眼点不同。比如美国市场上出售的西瓜要标明含糖量，以满足人们限制食糖摄入量的需要，而我国消费者却偏爱糖分高的西瓜。

③不同消费者在文化背景方面有差异。

第三，广告的适应性。世界各国在广告管理上都有一些法规，对产品的种类、价格、说明书及广告方式、广告媒介等均有不同的限制。比如，对广告播出时间的限制不同。如有的国家周末和节假日不允许播放广告、不同国家对广告所征收的税金不同等。

（4）国际广告媒体及其选择

在国际市场广告促销活动中，可以利用的渠道和媒体很多，使用最多的广告媒体是报纸、杂志、广播、电视四大媒体，除此之外，还有户外广告（广告牌、招贴画、霓虹灯、车体广告、交通广告等）、直接邮寄等其他形式。近几年来利用因特网做广告的业务发展也很快。世界各国的广告媒体类型基本相同，但又各有其特点，在选择广告媒体时应着重考虑以下问题。

第一，产品性质。由于工业品和消费品针对的目标消费者不同，消费者获取商品住址的渠道不同，故应选用不同的媒介。一般来说，工业品选择专业期刊、杂志广告较多，也可以用电视短片做详细介绍。而消费品则可广泛采用各种媒介，关键问题是媒介传播的深度与广度。

第二，沟通对象的媒体接触习惯。生产玩具的企业若将学龄前儿童作为目标沟通对象，绝不能在杂志上做广告，而最好在电视上做广告。若广告信息的传播对象是青年，那么杂志等是理想的媒体。

第三，不同媒体在各国的影响程度。各种媒体在不同国家的影响作用不同。媒体的影响度越高，在受众中的威信也就越高，它可传播的信息的可信度也就越强。

第四，媒体费用。不同媒体所需成本不同，电视广告最贵，报纸则较便宜。一般来说，发达国家的媒介价格较高，发展中国家的媒介价格较低。但从发展趋势上看，发展中国家媒介的价格上涨速度远远高于发达国家。此外，还应考虑广告税率。各国的广告税收费标准和征收方法都不同，不同税率会影响广告费，如奥地利各州都有自身的广告税率。

第五，媒体组合。由于世界各地的媒体具有不同的特点，广告管理法规不同。因此，在运用媒体组合策略时，必须考虑各国使用媒体的具体情况。在国际市场上，一般以报纸为广告的主要媒体，很少运用杂志做广告，但在某些国家也可运用有影响力的杂志加以配合，如美国、欧洲国家，妇女杂志读者多，往往采用杂志做化妆产品广告。不少国家，如欧洲一些国家运用路牌广告作为开拓市场的重要工具。

（5）广告心理效果测定

广告的心理效果不是通过销售规模来衡量的，而是主要由广告对目标市场消费者造成的心理效应的大小来衡量，包括对产品信息的关注，兴趣、情感、记忆、理解、动机等。一般采取以下两种方法。

第一，事前测定法。在广告作品尚未正式制作完成之前，进行各种测验，或邀请有关专家、消费者团体进行现场观摩，审查广告作品存在的问题，或在实验室运用专门器械工具来测定人们的心理反应，对广告作品可能获得的成效进行评价。

第二，事后测定方法。广告作品制作完成并推出之后，仍然需要进行检验，以便获悉广告策略是否成功，以及正式推出的广告是否成功。事后测定也有多种方法。

①识别测定法，即让接触媒体者从若干广告中辨认哪个广告是他们曾经看过的，由此可说明广告在消费者头脑中留下的印象。

②回忆测定法，即让接触过广告媒体的人回忆最近几次媒体刊播的广告及其产品，其结果可说明广告被人注意的程度。回忆测定法又可分为纯粹回想法和辅助回想法两种。

（6）国际广告的注意事项

第一，语言的限制。广告无论将何种媒介作为载体，都必须借助语言来沟通。如果广告接收者虽然能接收到信息但对信息不明白，那么这种沟通就是无效沟通或者沟通不充分。由于国际广告面向使用不同语言的接收者，所以语言是借助广告进行有效国际交流的最大的障碍之一。许多企业发现，在美国做广告除主要用英语外，还使用西班牙语、意大利语、法语、日语等语言；在泰国做广告，要使用英语、汉语和泰语；在新加坡做广告，要使用英语、汉语、马来语和泰米尔语。国际企业必须使用这些不同语言与潜在买主进行信息传递。

第二，文化因素的限制。国际广告最大的挑战之一，是解决在不同文化的交流中遇到的问题。如果不能很好也解决广告中的文化多样性问题，就会出现对同一广告词、广告故事、广告内容等不一致的理解，从而造成误解，影响广告的效果，甚至使广告完全失败。如奶酪是西方人喜欢吃的东西，中国人一般不吃。做广告要考虑一国的文化因素。例如，男女共进晚餐在西方和大多数国家是习以为常的事，但在中东国家，会被认为是大逆不道的事。孔雀在我国是"吉祥"的象征，但在欧洲却视孔雀为"祸鸟"，因而所有带有孔雀图案的商品都被排斥。一个国家或地区之内的亚文化之间的差异同样值得重视。如在香港地区就有十多种不同的早餐方式。因此，企业应特别重视广告必须与东道国的文化习俗相适应这一问题。当然，如果注意到了当地消费者的文化差异，将其广告融入本土化策略，就可以实现广告的预期效果。如肯德基在中国采用本土化的广告故事情节，推出结合中国本土化的产品，取得了广告促销的成功。

3. 国际营业推广

（1）国际营业推广的含义

国际营业推广，又称国际销售促进，就是除了人员推销、广告和公共关系等手段以外，在一个比较大的国际目标市场上，企业为了刺激需求，扩大销售市场，而采取的能迅速产生激励作用的促销措施，如陈列、演出、展览会、示范表演以及种种非经常发生的推销方式。营业推广在国际上是一种有效的促销手段，促销效果立竿见影，特别是一些优质名牌和具有民族风格的产品。它向国际市场消费者提供了一个特殊的购买机会，对价格敏感的消费者更具有吸引力。

自20世纪70年代以来，在许多国家，无论是企业还是非营利性组织，都广泛运用营业推广手段。目前，国际市场营业推广的总费用有超过广告费的趋势，原因是营业推广对刺激需求有立竿见影的效果。再者，世界性的通货膨胀和经济衰退，使消费者更加精打细算，讲究实惠。同时，由于长期的"广告轰炸"，人们已对广告产生了"免疫力"，广告效果相对减弱。从国际市场营销的角度来看，如果广告和营业推广并用，效果会更佳。

为了弥补广告和推销人员不足的情况，产生了营业推广这种介于广告和人员推销之间的形式。在国际目标市场上，营业推广是一种短时间的，需要采取特殊手段的推销方式和推销措施，从而达成某种特定目标。营业推广的广告大都以提高产品知晓率、宣传商品、使产品在消费者心中建立好感进而产生购买动机为目标，希望消费者在购买某类商品时，选购被宣传的品牌；人员推销则主要是亲自向目标消费者宣传、介绍商品，推销产品，搜集市场信息，寻找新的消费者，进行产品维修，签订购销合同；而营业推广则直接引导、刺激消费者立即做出购买行为。

（2）国际营业推广的方式

企业根据其营业推广目标，可使用多种营业推广工具。在选择推广工具时应考虑的因素有市场类型、竞争条件和各种工具的效益成本等。

第一，针对消费者的营业推广方式。针对消费者的销售促进，其主要目的是提高产品在国际市场上的知名度，鼓励消费者购买，刺激销售量增加。企业针对消费者的营业推广方式很多，例如，向消费者免费赠送或邮寄样品、赠送优惠券、现金折扣（消费者把具体的"购买证明"寄给厂商，然后厂商寄给他购买价格的一部分作为折让）、附赠礼品、有奖销售、免费试用、产品保证，等等。下面介绍几种常用的方式。

①折扣。折扣指消费者在购买产品时，可凭一定的票据向制造商索取折扣。

②商业贴花。商业贴花指消费者每购买单位产品就可获得一张贴花，若等集到一定数量的贴花就可换取这种产品或奖品。

③奖品。奖品有两种类型：一种是消费者持购买凭证（如发票）去领取奖品；另一种是将奖品与产品一起包装，通过消费者购买行为来获得。

④附加赠送。附加赠送指按消费者购买产品的金额比例附加赠送同类产品。

⑤竞赛抽奖活动。竞赛抽奖活动即通过竞赛或抽奖活动，将奖品发给优胜者，以吸引消费者。

第二，针对中间商的营业推广方式。这类销售促进旨在促成中间商和企业达成协议，提高中间商经营本企业产品的积极性，鼓励他们进货，积极推销。对于进入国际市场不久或在国际市场名气不大的产品，加大对中间商的促销力度是一种重要的途径。这类营业推广的主要形式有以下几种。

①购买折扣。购买折扣是指在一定时期内，经销商在每次购买中得到的相对于报价的直接折扣，这种折扣可鼓励中间商购买一定数量的商品或经营那些他们平时不愿进货的新商品。

②津贴。零售商在某些地方为制造商的产品做出了贡献，厂商给予他们的某种形式的利益以示酬谢，如广告津贴、陈列津贴等。

③免费商品。当中间商购买某种产品达到一定数量时，制造商为其提供一定数量的免费商品。

④业务会议和交易展览。业务会议和交易展览指邀请中间商参加定期举行的行业年会、技术交流会、产品展览会等，从而传递信息，加强双向沟通。

⑤现场演示。现场演示指企业为经销商安排的对产品进行特殊的现场表演或示范及提供咨询服务。

（3）国际营业推广策略的制定

第一，营业推广的规模。营业推广的规模必须适当。国外许多大公司，在用营业推广方式推销老产品时，只要求营业推广收入大于支出，甚至收支基本平衡就可以了。有时，企业为了推销长期积压的产品，只求通过营业推广把产品卖出去，而不讲究收支状况。一个合理的营业推广策略，一般通过推广的方法、推广的费用和销售额的相互关系来确定。西方发达国家一些较大的公司都设有营业推广部门，至少有专门负责国际市场营业推广的人员。

第二，营业推广对象的条件。企业有时可以有意识地限制那些不可能成为长期消费者的人或购买量太少的人参加。比如，企业可以对国际市场的老消费者或有长期往来的中间商提供优惠条件（购货折扣、开办联营专柜、合作广告等），短期消费者则不享受这些优惠条件。限制条件不可过宽，也不可过严，否则会影响新消费者的增加，排斥潜在消费者的加入，达不到应有的效果。

第三，营业推广的途径。企业还要研究通过什么途径向国际市场的消费者开展营业推广。比如说，营业推广的形式是发行奖券，那么，这种奖券既可以放在出口商品的包装中，也可以附在国际市场广告中；既可以通过国外进口商、经销商或代理商在进货或购买商品时分发，也可以邮寄赠送给国际市场消费者；此外，在当地市场通过抽签或摇奖的方式解决也可以。

第四，营业推广的时机和期限。不同的商品，在不同的市场、不同的条件下，营业推广的时机是不同的。针对推广期限，企业应考虑消费的季节性、产品的供求状况及其在国际市场的生命周期、商业习惯等。推广期限过短，许多潜在买主可能正好未买，达不到营业推广的预期效果和目的；期限太长，费用增加，甚至得不偿失，还会给国外消费者造成一个印象，认为营业推广策略不过是一种变相降价，进而怀疑产品有质量问题。据有关资料，在北美地区，每季度进行三周左右的营业推广比较好；在西欧，营业推广的期限可能有长有短，日用品以一个月为好；在中东、非洲和亚洲许多地区，视城乡不同，推广期限应有一定的弹性，城镇应长于大城市，乡村地区又长于城镇，这主要是因为交通不便。一般情况下，在国际市场开展营业推广，其期限大都以消费者的平均购买周期为佳。

第五，营业推广的目标。推广目标主要是指企业开展营业推广所要达到的目的和期望。营业推广的目标不同，其推广方式、推广期限等都不一样。比如，针对国内外中间商的营业推广，其目标与方式有以下几种。

①诱导、吸引国内出口商和国外进口商、中间商等购买新品种和大批量购买，可以采用推销奖金、联营专柜、赠送样品和资料等手段。

②鼓励国外老消费者和新市场的新消费者续购、多购、新购，可以采用购货折扣、合作广告、推广津贴、展销会、现场表演等手段。

③鼓励国外中间商购买滞销商品，可以采用购货折扣、推销竞赛、合作广告、推广津贴、特别服务、分期付款及发放奖券等手段。为了建立企业与出口商、国外进口商、经销商和代理商的良好关系，培养他们对企业的忠诚和偏爱，除了加强业务往来和物质刺激以外，还要重视非业务往来和精神激励。比如，举办联谊会、恳谈会；在主要的节日和喜庆之日，赠送礼品和贺信；在资金上给予融通；相互谅解、帮助和支持；或者邀请中间商来本国观光、游览，等等。

（4）国际营业推广应注意的问题

在国际市场上开展营业推广，必须在适宜的条件下，以适宜的方式进行，否则，不但没有提高促销效果，反而使产品销量下降。

在国际营销中，采用营业推广方式促销要特别注意以下几个问题。

第一，各国的法律限制。许多国家对营业推广的方式都有具体的法律规定，企业在选择各种营业推广方式时，一定要了解这些方式是否违背了当地的法规。

第二，注意了解各国行之有效的营业推广形式。营业推广的形式多种多样，但并非各种形式在所有国家都会收到同样的效果，为营业推广方式制定国际标准通常是困难的。因此，企业在采用营业推广的具体形式时，一定要考虑这种形式在当地的有效性。

第三，必须取得当地零售商的合作。营业推广的许多形式都需要与零售商配合进行，如发放折价券、安装展览设备、附送礼品、现场示范等。如得不到零售商的协作，许多针对消费者的营业推广形式将难以开展。

第六章　新时期市场营销手段的创新

　　传统的营销手段不外乎人员推销、营业推广、价格策略和公共关系等。但身处于当今这一竞争激烈的世界，如果还运用以往那些传统的营销方式，恐怕不会再取得什么良好效果。这便需要将以往传统营销方式进行适宜的改革和创新，令人耳目一新，最终达到良好的营销效果。为此，在传统的营销手段上进行创新，以及创造全新的营销方式是企业获得优势的必由之路。本章分为网络营销、绿色营销、知识营销、关系营销、全球营销、文化营销、口碑营销七部分，主要内容包括网络营销的基本概念、绿色营销的观念、知识营销的发展趋势、文化营销的功能等。本章主要对新时期市场营销手段的创新进行了简要的阐述。

第一节　网络营销

一、网络营销的内涵

　　所谓网络营销，是指企业以网络技术为手段，在企业产品设计、生产、流转，以及商品的交换、消费和售后服务等方面所进行的满足消费者或用户需求的一系列经营活动。网络营销是营销的一个重要组成部分，是企业整体营销战略中不可缺少的一部分。它是一种营销手段，一种借助互联网特性来达到营销目标的营销手段。网络营销作为一种新型营销方式，通过满足消费者的需求进而满足企业自身的需求（即获得利润），这与传统的营销并无二致。所不同的是，在网络营销中，营销者可充分运用通信网络技术为企业的营销目标服务。

二、网络营销的基本概念

（一）广义的网络营销

在线营销、网上营销、网络行销以及互联网营销等，都是网络营销的同义词。换而言之，上述这些词汇所说的都是同一个意思。从宏观上来讲，依附于互联网而开展的各种营销活动都被称为"网络营销"。其中，实践性特征是网络营销的一大亮点。因为，比空洞理论更具实际意义的是从实践中发掘、探究网络营销的基本方法和规律。所以，我们应当将更多注意力放置于理解网络营销真正的意义和目的中，而非放置于对网络营销的定义中。在充分认知和了解互联网这种新的营销环境的同时，通过利用多种互联网工具，来为企业的相关营销活动提供有效支持。

（二）狭义的网络营销

我们通常将个人或组织为了满足其相关需求，在开放、便捷的互联网环境下，对产品和服务进行一系列经营活动的过程称为"狭义的网络营销"。毋庸置疑，网络营销是近些年间的一种新型商业营销模式。

通过互联网进行的营销活动为网络营销，即利用互联网作为主要工具，从而创造出销售氛围的活动。网络营销并不等同于网上销售：将产品营销到某一阶段，这是销售。或者我们可以理解为，营销是过程，销售是结果。传统电视、互联网、宣传单以及户外媒体等，都可以作为网络营销的推广渠道。互联网并不是网络营销的最终归宿，因为，除了在线推广之外，一个完整的网络营销方案还需要配合使用传统的方式进行线下的推广。我们可以将其理解为关于网络营销自身的营销，就好比关于广告的广告网络营销活动是一个过程，一般我们可以将该过程分为七个阶段。①界定市场的机会。企业参与市场竞争，首先要寻找突破口，明确市场机会在哪里；其次要识别未被满足或服务不周的需求，细分目标市场，评估机会的吸引力以及所需的资源。②制定营销战略。选择细分的目标市场，进行产品定位及资源的配置。③设计消费者体验。所谓消费者体验是指消费者在与组织的交互过程中，对组织的产品服务及相关激励因素的感知。在互联网环境下，消费者体验包括站点的易用性、可靠性、安全性，信息的丰富性，定制功能，交互性等。④构思消费者界面。它是消费者体验设计的逻辑延伸，在界面构思中需要考虑的要素包括场景、内容、社区、定制、沟通、交换链接、商务活动。⑤设计营销计划。需要企业通过对各种营销手段的创意设计，以满足消费者的体验需求，突出网络营销个性化和交互性的特点，制定出产品、品牌、价格、营销、渠道、社区等营销策略。⑥分析收集到的信息。利用数据分析技术分析网络营销过程中所收集到的各类信息，为构建更加牢固的消费者关系提供决策支持。⑦评估网络营销计划。评估网络营销计划是否达到了组织预期的目标，设计一套有效的评价指标体系是客观评价网络营销计划的关键。

三、网络营销的特点

说得通俗一点，网络营销就是企业或个人对自己产品或服务的一种推广，这种推广主要依附于网络传播。在所谓的电子时代，互联网已成功渗透到我们的生活之中，且正在改变着我们的生活。相关数据统计，目前我国的互联网用户已经超过了 7.32 亿，且还在快速增长中。企业若想从激烈的竞争中求生存、求发展，就一定要重视网络这一营销渠道，只有这样，才能获得更多的目标消费者群；只有这样，才能在新一轮经济一体化中抢占到最佳机会。但问题是，网络到底能够为企业提供哪些比传统媒体更有效且更经济的营销手段呢？这一问题已经成为人们所关注的重点。互联网自身的某些特性，使得以其为手段的网络营销呈现出以下一些特点。

（一）虚拟化

因为网络具有虚拟性，网络营销也具有虚拟的一面。在网上，企业是虚拟的，商场是虚拟的，商品也是虚拟的。在网上看起来很大的一家公司可能只有几个人，甚至根本就是一家皮包公司；看起来很漂亮的商品可能是假冒伪劣品，甚至根本就不存在；在网上支付的也是虚拟的电子化的货币。这一切对于习惯于在真实世界消费的消费者来说可能会不明白，由此也带来很多问题。

（二）超前性

我们可以将互联网视为一种具有较强功能的营销工具。因为，它能做到同时兼具电子交易、市场信息分析等诸多功能。除此之外，它还具备一对一的营销能力，这种能力正好与直复营销相符。

（三）跨时空

所谓网络营销具有的"跨时空"特征，实际上是可以不受时间以及空间的限制来进行信息的交换。众所周知，占有市场份额是营销的最终目的。企业在使用互联网进行营销的过程中，恰巧可以借助互联网跨时空的这一特征，从而摆脱掉时间和空间上的限制达成交易。例如，企业利用网络营销跨时空这一特征，能够获取更多的时间和更大的空间进行营销，可以随时进行营销，且随时都可以向消费者提供全球性营销服务，以此来占据更多的市场份额。

（四）交互式

互联网不仅是企业设计产品的最佳工具，同时还是为消费者提供商品相关信息以及服务的最佳工具。比如，企业可以利用互联网向消费者展示产品目录，可以通过链接数据库为消费者提供相关商品信息的查询服务，并在此基础上与消费者进行双向互动交流，同时还能收集市场最新情报。除此之外，企业还能对产品进行测试，调查消费者对产品的满意度等。

（五）高效性

不论是储存量也好，还是传递信息的数量与精准度也好，计算机都远远超过了其他媒体。也就是说，计算机可以为消费者提供大量的信息，且不受时间和空间的限制。除此之外，网络还能够顺应市场的需求，在第一时间更新产品或对产品的价格进行调整。所以说，网络营销能够及时有效地了解消费者的需求，并在最短的时间内予以满足。

（六）人性化

网络营销活动具有消费者主导、一对一、理性、非强迫性等特点。可以说，这是一种人性化、低成本的有效营销方式。它能在一定程度上摆脱传统营销中强势推销情况的出现。不仅如此，企业还能提供给消费者诸多精准的产品信息，并进行双向的互动沟通，与消费者建立良好的合作关系。

（七）整合性

网络营销是一种全程式的营销渠道，它可以为消费者提供商品信息、收款、售后服务等一条龙服务。除此之外，企业可以利用互联网来统一规划和协调实施不同的营销活动，并向消费者传播统一的资讯信息。这不但为企业减少了人力、物力和时间上的不必要消耗，还避免了不同传播渠道中由不一致性产生的消极影响。

（八）直接化

企业可以通过网络营销与消费者直接进行联系，这就意味着商品可以不用通过其他渠道而直接到达消费者手中。这便意味着销售渠道更加直接化，因为这一举动最大限度地缩短了商品的流通过程，加速了商品流动、信息流动、资金流动，且将中间商的作用降至最低。

第二节　绿色营销

一、绿色管销的界定

从某种层面上来讲，绿色营销是促进可持续发展的一个管理过程，是市场主体有目的地去满足市场的需求和发展。同时，在此基础上与其他市场主体进行交换，并以此来实现经济利益的统一，以及消费者的需求和环境利益间的协调统一。

我们通过定义可以看出，可持续发展是绿色营销的最终目标，但在实现最终目标的过程中，应当重视且遵循经济利益、消费者需求、环境利益三方协调统一的原则。所以不管是在战略管理中，还是在战术管理中，企业应以促进经济的可持续发展作为根本出发点，应当按照生态环境的要求，来创造产品、企业应以促进经济的可持续发展作为根本出发点，交换产品以满足消费者的需求，确保自然资源不被过度消耗，确保自然生态处于平衡状态。

绿色营销实际上是人类市场营销观念和环境保护意识的产物，是一种现代营销观念。除此之外，它还是经济可持续发展得以实现的一个重要战略举措。它要求企业在保护地球生态环境的前提下，在实施营销活动中，强调促进经济和生态的双向协调发展，从而确保企业的可持续经营。

二、绿色营销观念

（一）绿色营销概念

1. 营销的目标

可最大限度刺激消费是传统营销的目标，因此企业会将全部注意力放在如何吸引、刺激消费者进行消费上。但人类目前已经进入环保时代，该时代要求人类必须实行可持续消费。换而言之，人类当前应在控制自然资源和环境能够承受和实现的范围内进行发展。所以在实施绿色营销过程中，必须遵循可持续消费的原则，即在追求满足消费者需求的同时，要减少物质消费的数量，从而将人类资源的消费程度降至最低，使消费最终达到可持续增长的要求。

由此可见，"少即多"原则的实施是实现绿色营销目标的基础。因此，为了使企业营销适应绿色营销的目标，就要对企业以往的传统营销活动以及相关技术进行一系列改动。不仅如此，还应当减少原材料和能源的消耗，减少废弃物，从而降低企业的成本，最终达到可持续消费的目的。

2. 营销服务的对象

基于绿色营销，营销服务对象发生了巨大转变，由以往的消费者，最终扩展到了"消费者和社会"。这主要是由于"社会责任"被引入绿色营销之中。这就致使企业必须在符合环境保护要求以及符合社会有序、合理发展要求的前提下，对消费者的需求予以满足。企业的营销不能因满足消费者的需求而损害社会的利益，更不能破坏良好的人类生存环境，应当协调好二者之间的关系。

3. "消费者"的性质

如何通过开展营销活动使消费者的消费需求得到满足是传统营销所重视的内容，它只把人当作消费者。相比之下，把消费者视为具有多样化需求的"人"，而消费的需求只作为"人"的需求的一部分，则是绿色营销所重视的内容。换而言之，如何通过开展营销活动使人们的物质以及精神需求得到满足，以及如何在最大程度上减少物质资源的消耗，从而保护人类赖以生存的自然环境则是绿色营销研究的主要内容。

4. 对"消费者满足"予以重新定义

产品和服务在被消费时得到的满足是传统营销所指的满足。但绿色营销则与之不同，它要求得到的满足还在于提供产品时和产品被消费后。这使消费者在该产品"从生命开始到终结"的整个过程中都得到了满足。绿色营销涉及整个企业的行动和创造消费者满足的整个产品的历史过程，因而使"消费者满足"变得更为复杂。

5. 企业文化

企业文化的本质在传统营销条件下是竞争文化。简言之，企业在与对手竞争过程中，运用恰当的产品、价格、营销以及渠道来获得最终的胜利，争取更大的市场份额，并从中获取更多利润。但事实证明，竞争文化极大可能会给环境带来破坏。这便需要绿色营销的加入。企业在实施绿色营销过程中，会将竞争对手视为合作伙伴，因为绿色营销文化比传统营销文化更加注重"人"的导向以及"人"的价值。

（二）社会责任观念

1. 企业社会责任观念的形成

（1）20世纪初至30年代

可以说，该时期是现代企业的发展初期。为企业所有者和股东获取最大的利润是这一时期企业的管理目标。简言之，该时期企业的责任是为这一目标的实现而服务。

（2）20世纪30年代至60年代

该时期股份公司发展速度较快，企业的股权较前一阶段有所分散，除此之外，企业的主体呈现多元化。因此我们可以将该时期视为现代企业的形成时期。不仅如此，政府也通过相关立法，来迫使企业对消费者、贷款人以及供应商等相关者承担更大的责任。由于股东人数在该时期的急剧增加，企业经营者同时担起股东利益代理人以及平衡股东需求，使股东满意的重任。由此可见，该时期企业责任的内涵较上一时期有了相当大的扩展。

（3）20世纪60年代至今

由于发达国家的经济从20世纪60年代末起，得到了高度发展，人们的生活进入一个新阶段，即"富裕"阶段。该时期，生活质量成为人们所重视的问题，如环境保护、社会福利、健康与安全等。因此，社会对企业有了新要求，即在为自身获取利益的同时，还需要提高人们的生活质量。

这无疑给企业带来了较大的社会压力。企业不得不承担社会责任，进而在20世纪70年代至80年代产生了社会营销的观念，并将其作为绿色营销的基本观念。社会责任观念与社会营销提倡的社会责任有相似之处，但又有很大区别，主要是社会营销的存在是长期的，而保护环境的无限期存在决定了绿色营销也将无限期存在；同时，社会营销关注的是某一个特定社会，而绿色营销更重视自然环境，关注整个地球的未来。可见，绿色营销强调的是企业在环保时代所应承担的社会责任。

2. 社会责任的基础

（1）企业的道德原则

社会是企业的摇篮，企业运营过程中的人力资源以及相关基础设备都是社会所提供的。但企业的存在，也在不同程度上产生了诸多社会问题，如教育、就业、医疗、社会保障等。为了促进社会的发展，企业有责任和义务来维护社会的秩序和安宁，通过遵守社会规范以及合乎道德的行为来履行社会责任。如果企业忽视了该问题，那么会对企业自身的发展带来巨大影响。"绿色运动"

于 20 世纪 60 年代至 70 年代蓬勃兴起，它的兴起促使了企业对道德问题重要性的重新认识，且在此基础上，企业渐渐意识到道德责任是其所必须遵守的基本准则。

（2）自身利益原则

企业的自身利益是支持企业履行社会责任不可缺少的一个重要基础，即企业要想使自身获益，就必须承担社会责任。但凡企业参与的有利于社会的活动，都可能改善企业自身的形象。例如，上海兰生股份有限公司在得知上海成立慈善基金会的消息后，立即向基金会捐助了 100 万元人民币，由于该公司是第一个机构捐助者，上海各传播媒体纷纷予以报道，有的还进行了评论，其结果是提高了兰生股份有限公司的知名度，并在上海市民中树立了兰生公司支持慈善事业的良好形象，其社会效果远远超出 100 万元广告费所能获得的效果。与企业的社会责任战略相关联的道德责任原则和企业自身利益原则两者相互交叉，相互联系，共成一体，人们很难在实际操作中将两者区分开来。

3. 社会责任的要素

（1）经济责任

企业的经济责任：在盈利的基础上，企业应当继续确保自身的经营，以便给予企业股东、员工，企业贷款的银行和其他相关的金融机构，企业的消费者持续性的回报。

（2）法律责任

企业的法律责任：由于社会对企业经营的关注与日俱增，致使企业受到了大量法律的约束。因此企业应当服从和遵守法律的各项规定，不断规范自己的行为，最终成为社会中的"守法一员"。

（3）伦理责任

即便是一些非法律要求的道德规范和伦理规则，或者是未被特定法律所包含的某些道德规范和伦理规则，也都是企业所需要遵守的，因为这是社会的要求。例如，上海有些房产广告在标示标的物所在位置时，以简图形式表示，以致与所售房产远隔几公里的南京路显得近在咫尺，从而造成误导消费者的后果。当某一特定的伦理责任情况频繁在某个国家发生时，该国家通常会制定相应的法律来加以限制。例如，上述房产广告误导现象，由于各方反应强烈，上海市政府有关部门对此专门制定法规予以禁止。

（4）社会参与或慈善责任

即便某些活动并不是社会所要求的，或者并不是法律所要规定的，比如我们所熟知的各种慈善活动等，这些有益于社会或是有益于社区的活动，当下有许多企业都会积极参加。这一举措可以受到来自社会的赞誉，使企业形象得以改善，从而在极大程度上增加社会对企业的亲和力。

4. 企业的社会责任战略

（1）战略主题

为了能够与社会和谐相处，企业必须对政府机构以及社会公众所关注的，同时对企业又具有重要性的问题予以关注，以此来拟定企业社会责任战略主题。

（2）战略实施方案

①企业社会责任战略应具防御性。企业是社会的一个重要组成部分，在企业经营过程中，对社会造成不利影响的问题极有可能产生，如环境污染等，这些问题会使企业处于政府处罚、舆论曝光，以及公众反对的状态。所以企业的社会责任战略大多时候都具有防御性。此外，主动性是企业社会责任战略实施过程中不容忽视的，即企业应当提前做好承担社会责任的准备，并及早主动妥善处理，切不可在社会公众对企业已经产生不良印象时才去解决。企业经营者应当时刻牢记"将问题消灭在萌芽之中"这一格言。企业社会责任战略应具有妥协性。企业应采取妥协的态度来处理社会责任问题，如果企业采用了对抗的态度来处理该类问题，则极有可能使企业招致更严峻的后果。企业社会责任战略应具有使损害最小化的特点。在发生社会责任问题时，企业往往处于受批评的境地，因而企业实施的社会责任战略应达到使企业所受损害最小化的目的。

②制定企业道德准则。企业道德准则的制定是企业实施社会责任战略时的关键性工作。国外目前有诸多企业都制定了本公司的道德规范，且这一举措已经成为国外当前企业管理的一股热浪。

③社会审计。社会审计主要针对的是企业实施社会责任战略的结果。至于社会审计的人员，可以是外部聘请的专家，也可以由内部人员组织实施。社会审计的主要内容是对企业社会责任战略的目标和企业的社会责任行为予以审核；对企业社会责任战略的适用性和有效性予以审核；对企业社会责任战略的缺陷或可予改进的内容予以检查；对企业道德准则的内容有无需要更新之处及准则执行情况予以审核。

（三）可持续发展观念

1. 经济可持续发展问题

经济发展与自然规律、环境发展之间的协调关系是经济可持续发展的动因。

产生这一机制的原因在于，经济与环境的关系是相互依存的，经济的发展必然受到环境的制约，环境是经济发展的基础。经济的发展有赖于自然环境，这是因为来自环境中的资源是生产发展的物质基础，没有物质基础就谈不上发展经济。经济的发展从根本上说，取决于生产力，而资源、环境是生产力的要素。如果资源匮乏，或由于人们对资源的盲目开发和滥用，必将导致某些资源的锐减乃至枯竭，从而使经济发展失去物质条件，因而会反过来制约经济的发展。

环境是经济活动的重要条件。环境是人类进行生产的必要场所。在生产过程中产生的有毒有害物质和废弃物，排放到环境之中，将对环境产生污染和破坏，使环境质量下降，危害劳动者的健康；而环境的污染和破坏，也会造成对自然资源的破坏，并制约经济的发展。可见，环境问题对经济的发展有着十分巨大的影响，经济的发展，不能以牺牲环境为代价，只重视经济效益是不可行的，必须走两者协调发展的道路才能更好地发展经济。那么，我们为何要不断地发展经济并在发展经济的同时还要做好环境保护的工作呢？因为这样做能够使人们的生活质量得到提高。满足人们日益增长的物质文化需求是发展经济的最终目的，其中包括对生产和生活环境的需求。发展经济的同时，也污染了环境，这无疑会降低人们的生活质量，是同经济发展的目标相背离的。因此，经济的发展必须追求三项统一，即环境效益、经济效益、社会效益的统一，力求在发展经济的同时，切实实现人类与环境的协调发展。

根据联合国世界环境委员会 1987 年的报告，经济可持续发展的目标为①建立保护生态环境并促使其发展的生产体系；②建立能够在自我满足和可持续基础上产生盈余的经济体系；③建立解决因不协调发展而引起资源紧张的社会体系；④建立与贸易和金融可持续发展相联系的国际体系；⑤建立足以灵活地允许自己纠正错误的管理体系。根据经济可持续发展的目标，需要对陆地、海洋、天空资源的使用加以规划，对环境的污染通过国际合作加以限制和防治，需要制定和实施国际和国别的环境标准，对经济活动的环境影响加以评估和监测，并针对处置环境问题制定方案。经济可持续发展对企业的经营和营销有重大影响。

2. 企业营销的可持续发展问题

（1）企业可持续发展问题

在人类可持续发展的整个过程中，作为资源消费者、产品以及废弃物的生产者，企业发挥着巨大作用。工业和技术被人们公认为是造成环境问题的罪魁祸首。不得不说，在增强人类空前征服、改造自然能力的同时，工业和技术还加速了自然资源的消耗。然而，对于企业而言，工业和技术就是它的主要组成部分。所以关于经济的可持续发展应当落实到企业可持续发展中。企业可持续的概念是在 1984 年世界环境管理工业会议上提出来的，这次会议对于两个与企业可持续有关的重要问题达成了共识。

①解铃还须系铃人，企业的错误行为不仅造成了诸多环境问题，还是解决相关环境问题的关键所在。例如，某一企业在进行产品生产过程中，产生了大量污水。此时，如果企业将其直接排向河流，那么就会污染环境。相反，如果企业在此时将污水进行了处理，那么便可起到防止环境污染的作用。

②人们对环境的关注十分重要。这不仅能使企业受到某种潜在的约束，还能使企业通过创新的环境管理，获取比其他企业更具优势的机会，且这一点毋庸置疑。

（2）可持续性是绿色营销的基石

营销是企业经营活动中不可缺失的一部分。实现营销过程的可持续性是绿色营销的基本要求，当环境无法供给资源时，营销活动也就停业了。需要强调的是，与其他类型的发展有所区别，可持续发展并不是将某一群人的获利建立在损害另一群人的利益之上的。它要求人类增强自我依靠的能力，而不是通过降低世界生态体系的生产、生存能力来达到某种目的。由此我们可以得知，与其他传统营销模式相比，绿色营销的一个显著特点是可持续性。它是企业营销未来发展的必然趋势，是保护人类生存环境的切实反映。它不仅使企业能够适应环境问题的各种挑战，还进一步促进了环保时代企业经营的迅速发展。

绿色营销虽然以可持续性作为理论的基石，但在现有市场条件下，在短期内不折不扣地实行可持续发展对大多数企业来说，存在着一些障碍，只有排除这些障碍，才能真正实施绿色营销的可持续发展观念。

①成本。由于为降低企业对环境的不良影响，开发绿色产品，会使企业增加附加成本，而这些成本可能很高，从而使实施绿色营销的企业相对于忽视环境成本的企业缺乏竞争力。

②技术。企业若存在着技术上的问题，会影响绿色营销的实施。例如，太阳能的利用可以减少能源的消耗，但由于从技术上尚无法解决气候的变化、太阳能能量的储存以及太阳能能量的转换效益等问题，因而无法普遍推广太阳能。

③环境的越界效应。例如，据研究，挪威降落的酸雨，大部分是英国的工厂和发电站排放硫化物的结果，这极大地削弱了挪威企业为改善环境而努力的效果。这一现象，影响了企业可持续观念的落实。

④环境问题的复杂性。环境问题往往特别复杂，难以处理，解决一个环境问题可能产生另一个问题，这也使企业在经营和营销中难以实现绿色化。例如，工厂的烟囱排放的二氧化硫会产生酸雨，但目前推广的在烟囱中安装二氧化硫去除设备的方法又会产生固体硫化物，从而造成土壤或水污染。

第三节　知识营销

一、知识营销的特征

（一）创新营销

营销理念创新、营销产品创新、营销模式创新、营销组织创新和营销渠道创新是创新营销的主要内容。知识营销以知识拉动需要，并在此过程中培育和创造市场，这一点是毋庸置疑的。由此我们可以得知，企业生存和发展的根本在于技术创新、制度创新、观念创新、产品服务的创新。随着高新技术产业化和市场化进程的加快，丰富多彩的个性化消费需求不断得到满足，生产技术迅速发展，产品和技术的生命周期迅速缩短。但是，当某一高科技产品诞生时，往往无法形成消费行为，因为该项高科技产品不能在较短的时间内被公众所认可，所接纳。因此，也就无法构成市场，这是高新技术企业都会面临的市场风险。激烈的市场竞争要求企业为顺应社会飞速发展的要求，要不断创新。与传统营销方式相比，知识营销更注重通过供给创造需求，这是由需求决定供给的一般营销模式的升华。因此，知识营销强调以科普为先导，首先，要扩充公众的知识，从而形成广泛的市场需求；其次，将知识的应用以及创意的添加用于企业的生产和营销战略之中，从而不断创新和构建新的营销方法和策略。

（二）合作营销

"和平、合作、共存"是当代社会的一大主题。在营销活动中，企业特别关注同行、消费者、供应商三者之间的合作，这是基于知识经济环境下，合作竞争的基本要求而言的。我们都知道，共享性是知识所具备的一个属性，那么我们在共享知识的同时，不仅能够共同合作，还能创造出更多具有价值的新知识。知识营销亦是如此，大家在合作中，共同开发市场，为营销创造更多有利条件，而不应相互拆台，甚至相互攻击。

基于知识经济时代的企业，其基本思维方式是创新和合作。高度发达的互联网时代，已经为创新和合作提供了技术支持。在营销过程中，企业特别注重借助这些高科技手段，并以此作为主动与消费者进行交流的一种手段。同时，企业营销管理只有真正做到对消费者关怀备至，才能适应时代发展的要求。

企业与消费者在合作营销中，通过互联网，二者可直接进行交互式交流，从真正意义上实现了信息的共享。企业通过大数据对消费者信息进行分类、存储，建立消费者信息档案，在此基础上根据消费者的需求进行相关产品的生产，实行"零库存销售"和"定制销售"，这样不仅能够满足消费者的需求，还能节省大量的社会资源。所以说，实现社会资源优化配置的有效途径是实施合作营销。

（三）学习营销

人们通常将企业向社会、同行、消费者学习的过程称为学习营销。企业在营销过程中不断向合作伙伴以及消费者学习，在学习过程中发现各自的不足以及优势，取其精华，去其糟粕，不断完善营销管理流程。由此可见，学习营销并不是一个单向过程，而是一个通过互相学习、互相提高从而实现最终学习目标的双向过程。

学习型营销企业主要是面向消费者进行智能产品或是服务的宣传，除此之外还会普及一些新的技术等。但问题是，由于知识型产品的专业性过强、技术含量高、功能较复杂，因此大多数消费者都不能准确识别自己的需求，这成为购买和消费的一道屏障。所以在面对这种情况时，相关企业应当主动"学营销"，充分实现产品知识和信息的共享，以此来消除消费者对其产生的消费屏障，从而不断扩大市场的需求。

（四）网络营销

互联网作为一种"超导体"媒体，它的跨时空传播可为遍布世界各地的消费者及时提供所需服务。不仅如此，互联网所具备的互动性，还有利于及时平衡供求。正因如此，互联网成为目前最具吸引力的营销工具。通过在互联网上建立虚拟商业街以及虚拟商店进行相应产品的营销，是网络营销实现的主要途径。与传统商店有所不同，虚拟商店不需要店面，不需要货架，也不需要服务人员。他们只需要一个能够链接到互联网的网页地址，便可在全世界进行营销活动。我们不难发现，低成本、全天候服务、无边界限制是网络营销的闪亮点。

除此之外，网络营销还包括网络市场信息的搜集以及网络广告的推广。互联网在企业与消费者之间建立起了一个实时反映互动信息的交流系统，该系统的构建，在一定程度上缩短了企业与消费者之间的距离，成功掀起了一场市场营销的革命巨浪。

（五）绿色营销

基于知识资源的特殊性，知识经济将创造人类新型的生态文明，即消费倾向于自然化、健康化。也正因如此，处于知识经济时代的人类更加重视生态文化。为了实现可持续发展，各国政府格外关注对自然环境以及生态环境的保护。其中，相关国际机构，如世界贸易组织及国际标准化组织等，对"绿色贸易"法规标准的制定颇为重视。21世纪企业市场营销的通行证则是国际环境管理系统 ISO14000 和绿色标志。因此对于"绿色"概念，企业在实施知识营销过程中应特别注意，即实施绿色营销组合策略，不断开发研制绿色型产品，将生态环境的成本添加到定价中，树立绿色产品的良好形象。

除此之外，在营销策略上还应当对"绿色"概念进行关注，做健康营销，从而获得消费者以及整个社会的认可和信任。如此，企业便会立于不败之地，不断获得良好的经济效益与社会效益，且在此基础上，企业应积极申请 1SO14000 和绿色标志认证，从而获得21世纪绿色营销的"合格证"。

（六）全球营销

知识经济成为全球一体化的时代标志，在信息技术与通信网络高度发达的今天，全球各地的信息与网络联成一体。各国之间经济的障碍也正在随着知识经济的发展而被逐渐消除。可以说，知识经济在极大程度上推动了世界经贸一体化。如果我们将21世纪的全球市场发展阶段定位在初级阶段，那么全球企业、全球市场、全球营销就会在21世纪真正出现。这便意味着，所有企业即便不参与国际竞争，也会受到来自外来企业的挑战。所以对于21世纪的营销，应当具有全球概念，抓住全球经济新动向，将国际文化差异区分开来。

二、知识营销的发展趋势

（一）传统的生产经营型企业将逐渐向现代的知识型企业转变

1.从生产方面来看

知识要素的作用和地位在生产要素的投入中越发重要。对人才的培养、激励创新以及智能开发等方面都是知识投入的表现内容。企业在生产方式上大量引进智能型工具，采用适应性强、个性化突出、灵活多变的柔性作业方式，生产出知识含量相对较高、多样化的产品，进而满足多结构、多层次、多方向的特殊需要。在产品形式上，企业生产出来的不仅是知识主导型产品，而且更为重要的是无形产品呈现"轻型化"，附加值的成倍提高。

2. 从销售方面来看

企业生存和发展的关键在于能否为消费者提供使其感到满意的商品和服务，这也是企业的目标之一。企业在推销自己产品的同时，还应当向社会传播与其所推销产品相关的知识和技能，这样不仅能使公众在购物中心获取直接的利益，还能使公众得到相关文化和知识的熏陶。

3. 从信息技术的发展方面来看

当今信息技术处于巅峰时期，互联网的介入与应用为市场提供了一种崭新的营销方式。因此，企业管理应当对其组织结构以及管理模式、生产经营规模、员工各方面素质等问题进行思考，以便在较短时间内适应市场的发展，争取把企业调整成善于学习和运用新知识的学习型组织。

（二）传统的营销产品逐步被知识型产品替代

消费者知识智力水平在知识营销时代得到普遍提高，随着消费观念的不断更新，其相应的消费层次也有所提高，间接推动了消费结构的进一步优化，使这一时期的消费趋向于智能化、个性化、健美化和全球化。

需要特别指出的是，随着互联网的建立与使用，消费者的生活方式正在被悄悄地改变，即消费者可以利用它来订票、学习、购物等。这对营销者而言无疑是一个巨大的挑战，它需要营销者既具备营销技巧，又要熟悉产品，使消费者能够对该产品有较为深入的了解。在营销过程中，如果营销者对其所推销的产品本身的功能、技术含量以及维修知识都了解得不够透彻，那么在产品销售出去之后，营销者便不能为消费者提供良好的售后服务，从而导致消费者对该产品的性能以及价值产生怀疑，损坏企业的良好形象。

（三）知识产权保护意识和要求日益增强

人的知识结构和创新能力在知识营销过程中首先被转变。人们之所以不能在工业经济时代摆脱资本的束缚，其主要原因在于工人的创新能力和技术水平在当时都比较有限，他们仅限于简单的劳动或重复的机械劳动，没有在智力劳动方面得到提高。但在知识经济时代就出现了较大差异，无论是产业结构、产品结构，还是人们的消费结构、需求结构都向知识型转化，知识共享决定了人们对知识产权的保护意识和保护要求，将在知识经济时代得到进一步增强。人的智力、知识，在知识营销过程中成为重要资源，但正是由于知识的不断更新以及技术寿命的不断缩短，人们越发关心，甚至担心现有的知识保护机制的有效性。

除此之外，人们在开展知识营销时还特别关心一些问题，如自己的智力资本在企业和社会体现多少价值、以何种价值来体现，能否得到合理承认与保护等。因此，知识营销的客观需要是重视知识、重视知识人才。为了更好地开展知识营销，国内外的企业以及个人都十分重视知识的学习和应用。

（四）知识管理将成为实施知识营销战略的关键

1. 人力资源的投资、开发、管理、运用

对于企业而言，内部员工的整体知识能力、创新能力、工作技巧以及合作能力等，都是其十分宝贵的知识资源。但这些宝贵的知识资源并非都集中在某一个人的身上，而是蕴含在每一个员工身上。那么，如何将这些宝贵资源开发出来则是知识管理的主要任务，并在此基础上，为那些潜在资源的挖掘创造机会和条件。它并不等同于一般的员工劳资管理和培训，其更注重的是员工内在的需要。

2. 知识资源的采集、创新、延续、使用

知识管理应当将市场作为核心，将围绕市场的各种组织全面协调统一起来，将企业内部与外部知识高度结合起来，最终达到优化经营的预期效果。知识管理从某种意义上将现阶段企业管理模式中出现了技术开发、信息管理以及市场的分销等职能部门被分割的情况予以解决，把信息、技术、营销战略以及人力资源四部分进行了适宜整合，使它们充分发挥出了特殊作用。

3. 企业文化的提炼、形成、推广

体现企业内在发展动力的资产包括企业的经营方式、管理方法、文化、形象以及信誉等。知识管理要通过影响企业员工的工作态度和行为建立开放和信任的企业内部环境，从而使员工自愿合作并共享和开发知识资源。同时向社会传播企业文化，塑造企业形象，创造良好的营销环境，增加公众心目中的企业价值。

第四节 关系营销

一、关系营销的前身

营销活动从一开始就主要是进行消费品营销，特别是在 20 世纪 50 年代，主要是美国进行消费品的营销。在 1990 年以前的营销主题中，观念、模式和战略主要集中于公司生产者和他们的消费者品牌上，服务和工业（企业对企业）营销，逐渐被认识到是整个商业环境的重要组成部分，它们仍被认为是不同的。对许多营销者来说，传统的营销方法已不能很好地适应这些不同的营销环境。但是，他们却还没有怀疑现存营销模式是否有问题，而是将非消费品营销视为一种异常行为，或者总是将其放于营销书的最后独立章节中作为事后考虑的问题。然而，许多营销者也开始意识到：一方面，营销书中的理论与营销中的分析之间存在着差异；另一方面，理论与实际操作中也存在着差距。他们认为研究者提出的关于工业和服务营销与消费品营销的差异应作为一种全面研究的基础，而不应将这种差异作为一个独立变量来进行研究。

（一）工业营销

在工业营销活动中，企业的重点主要是放在原材料、货运、价格机制等方面，营销只是起很小作用的理性购买模式。随着消费者营销的主流观点的发展，人们逐渐认识到消费品营销和工业营销在某种程度上有所不同（例如，订货数量和频率）。通过调查得出，消费品营销不能反映工业市场内部运作的复杂性。正如贝克所指出的：工业营销者已经意识到，如果不能在价格相同的情况下提供更优质的产品，或是在产品相同的情况下降低其价格，但还想让企业生存下去，那么，与买者培养一种相对和谐的关系，或者利用服务来提高产品价格就是一个有效途径。

研究表明，工业营销不仅仅涉及公司的管理方式的交换，还涉及更复杂的人员之间的相互作用。网络营销被定义为是由公司发起的与消费者建立、维持和发展关系的一切活动。工业企业中不断进行交易，使买卖双方企业形成了某种关系。有趣的是，这种工业或企业对企业之间的相互作用、关系和网状系统的研究，使得关系营销的研究至少提前了十年或者二十年。马特森认为，由于对工业内部和工业之间的复杂关系有了更为深入的认知，关系营销者的各种思想才有了发展的基础。

（二）服务营销

有人认为，假如工业（或企业对企业）营销没什么用的话，那么服务营销更无意义。这种对于服务的较不成熟的观点忽视了这样的事实。简言之，服务正变得越来越重要。实际上，在许多西方国家，服务是备受重视的，以至于这些国家正由产品经济向服务经济转型。例如，在 20 世纪 90 年代早期，英国第一个成为出口服务多于实物产品的国家。

在 20 世纪 90 年代中期，在英国和美国有超过 75% 的受雇者从事于服务领域。这种快速变化的形势既让我们感到服务的重要，又需要我们对它做进一步研究。服务行业的无形性总是给传统营销者出各种难题。因为他们的模型（例如，波士顿矩阵）在实践中总是起不到什么作用。纯服务的特征经常被描述成无形性、不可分性、可变性、易坏性及要通过一定的提供者及方式才能获得。这些特征正向传统的营销观念提出挑战。尤其重要的是，当服务差异比较小的时候，建立关系就形成了一种潜在的优势。正是这一点驱动人们在该领域进行研究。

所以更明显地暴露出传统营销模式问题的是工业和服务营销中的关系问题。从对工业和服务营销的研究中得到的启示，对于把关系带入营销来说是非常关键的。

二、关系营销消费者管理

在开展关系营销时，需要有强大的信息和互动能力，仅靠人工服务是难以顺利开展的。美国诸多企业在 20 世纪 90 年代初为了满足市场竞争需要，开发并启动了销售力量自动化系统，在此之后又对消费者服务系统进行了研究。一些公司在 90 年代后期逐渐把自动化系统和消费者服务系统相结合，基于此，又加入了营销策划、现场服务和计算机电话集成技术，形成集营销和服务于一体的呼叫中心，在此基础上产生了消费者关系管理系统（CRM）。从营销角度考察，也称为"营销消费者管理"。

CRM 通过使用先进的信息技术来帮助管理部门提高效率，优化消费者关系。其核心内容是通过不断改善企业的营销管理，不断提高和深化各个环节的自动化程度，以此来缩短销售周期、扩大销售量、降低销售成本、增加市场份额、增加收入和利润、寻求新的市场机会，从而达到提高企业的核心竞争力的最终目标。

CRM 借用电子商务技术，简化了营销、销售、洽谈、服务支持等各类与消费者相关联的业务流程，将企业的注意力集中于满足消费者的需要上，将传统的面对面、电话及网址访问等交流渠道融为一体，企业可以按消费者的个性化喜好使用适当的渠道及沟通方式与之进行交流，从根本上提高了营销者与消费者或潜在消费者进行交流的有效性，提高了企业对消费者的反应能力，有助于企业对消费者个性化需求的全面了解。

三、关系营销对企业营销的实用价值

（一）降低企业经营风险

信息的双向流动与反馈是关系营销所强调的重点内容。对于企业而言，能够将信息更好地传递给相关群体，而对于相关群体而言，也能通过相关渠道对企业进行信息的反馈。信息交流的通畅与信息反馈渠道的便捷可以拉近双方的关系，双方顺畅、愉悦的沟通能够促进二者间构建良好的信息、情感交流关系。通过这种良好的关系，企业能够拓展边界，获取真实的市场数据，并能在第一时间把握住机会，避开风险。与此同时，良好的信息交流以及反馈机制还能长久地留住消费者，从而获取长久的价值。

（二）促进企业营销大整合

将企业放置于一个较为复杂的企业关系生态链中是关系营销所强调的重点内容，从而对企业营销的客体以及营销环境进行全面考查，并在此基础上努力探讨企业的营销措施如何影响与改变整个企业生态链的结构与效率，进而协调各种关系，以期求得企业所能调动资源的效率的最大化。企业在供货商市场中寻求原材料、半成品、劳动力、技术、信息等资源；在分销商市场中寻求合理配置资源并获得市场的强力支持；在内部员工市场寻求员工的协作以实现资源的转化；在竞争者市场寻求资源共享和优势互补；在影响者市场寻求无形资源对企业市场终端的强力推动，这些努力最终将增强企业的竞争实力，获得消费者资源。

第五节　全球营销

一、全球营销的定义

知识经济和信息社会将全球融合为一个巨大的没有时空差异的统一市场，社会的发展客观上把现代企业营销置于国际化的环境之中。全球营销指企业通过全球布局与协调，使其在世界各地的营销活动一体化，以便获取全球性竞争优势。全球营销有三个重要特征，即全球运作、全球协调和全球竞争。

全球营销是企业国际化的高级阶段，其核心内容在于"全球协调"和"营销一体化"。通常情况下，我们可以将全球营销分为两个阶段，一个是初级阶段，另一个是高级阶段。全球营销的初级阶段通常只在个别环节实现了全球化，而全球营销的高级阶段通常在所有营销环节都实现了全球化。全球营销面临最常见的问题之一，是标准化与差异化的两难选择。在全球营销实践中，全球营销者更重视各国消费者需求的共性，也许他们会对各市场的需求特点，对营销组合做适当的调整，但是全球营销公司会要求在部分的营销组合要素上保持绝对的统一。

奥米将全球营销分为三个阶段。初始阶段为多国扩张阶段，即通过渐进的方式占领外国市场。在第二阶段，多国扩张阶段让位于以竞争为中心的全球化方法，即竞争者驱动阶段，公司为对付激烈的市场竞争而不得不采取全球战略。第三阶段是消费者驱动阶段，企业必须迈向全球化的原因在于消费者的需求与偏好已经全球化了。奥米认为将价值传递给消费者，而不是首先考虑避开竞争，这才是全球化的真正原因所在。

并不是所有的产业都适合全球化，有些产业依然保持国别。确定是否是全球化的产业主要应考虑三方面的条件，即该产业的需求特点、供给特点及其所处的经济环境。适宜于全球化的产业，在需求要素方面包括有相同的工作要求、技术统一、消费需求相同等。在供给方面包括在研发采购、制造和分销等方面具有规模经济、资源获得优势等。在经济环境方面包括较低的关税、允许资本自由流动等。

二、全球营销战略

确定全球营销任务、全球细分战略、竞争定位战略是企业全球营销战略所包含的四个基本方面。

全球营销任务有哪些内容呢？即目标市场的确定，以及市场细分原则和各市场的竞争定位。

全球营销对于企业实现其全球性战略目标有着重要的作用，所以，企业的全球战略应与其总体战略相适应。

关于全球细分战略，企业主要有三种战略可供选择。

①全球市场细分战略。此战略重在找出不同国家的消费者在需求上的共性。如人口的统计指标，购买偏好、习惯等。

②国别性市场细分战略。此战略强调不同国家之间文化或品位上的差异性，市场细分主要以地理位置和国别为基准。

③混合型市场细分战略。大体上是前两种战略的结合型战略，某些国家市场规模很大可是存在个别化，而另一些较小的国别市场则可组合成一个共同的细分市场。如营销区域化是一种重要的混合型市场细分战略。

关于竞争定位战略，企业主要有四种战略可供选择，即市场领导者、市场挑战者、市场追随者和小市场份额占有者。如果公司在所有的市场都采取同样的竞争定位战略，则称为全球性竞争定位战略。相反，在不同的国别市场采取不同的市场定位，则称为混合型竞争定位战略。

第六节 文化营销

一、文化营销的含义

市场营销的过程实际上就是一个文化传播过程，其中，一些特定的价值观以及文化理念都是它所传播的内容。而文化营销实际上就是文化与营销的相互结合，它在一定程度上提升了营销的层次。不可否认，营销活动是人的活动，其中，生产者、中间商、消费者都是该活动的参与者，他们可以说都具有一定的文化背景，但其观念和行为都存在着一定的差异。简言之，在营销活动中，文化差异决定着参与主体的个性差异。这便意味着市场营销必须依附于社会文化，特别是在当今这一文化引领营销的市场经济趋势下，依附于社会文化能够更好地将企业营销特点展示出来，且也可以说，在某一方面，它丰富了营销的理念。

不得不说，文化营销在将营销层次提升后，使营销者能够全面且准确地对消费者需求进行把控，进而能够更好地满足消费者的各种需求。精神需求和物质需求是消费者在产品交换中所获得的，因此，产品物质层面的使用价值并不能作为营销者最终考虑的问题，除此之外，还需要考虑到消费者的精神需求。这便需要营销者既要将商品的设计、包装、销售直到售后服务都融入相关文化因素，又要使融入的文化能够被消费者所认同和接受，使商品成为展示精神价值和文化价值的一种艺术品。这种方式改变了以往传统营销只重视满足消费者物质方面的需求，极大程度上促进了企业文化建设，使企业营销活动的层次得到了显著提升。与此同时，文化营销还使营销活动更具针对性。

二、文化营销的功能

（一）建立共同愿景

利用文化亲和力，在消费者与企业之间搭建起共同愿景，是文化营销的一大功能，该功能可以增强企业的竞争优势以及提升经营业绩。

基于文化营销的愿景功能，企业内部人员可以将企业的共同愿景进行分享，从而将企业整合成一个积极向上的组织。这使得企业可以将内部文化向外扩散，从而逐渐融合到外部大环境中去。

（二）建设企业文化

企业通过借助文化使其营销目的得以实现，这便是文化营销的主要工作内容。如何达到该项要求呢？这便需要企业将其市场文化、企业文化、消费者文化三方结合到一起，以此来满足各方面的要求。与此同时，社会认同的道德观、价值观、风尚也必定影响企业的各种行为和发展，从而间接促进了企业文化的建设。对于企业文化而言，它的丰富和发展也在极大程度上推动了企业整体的发展，使企业变得更加壮大。

（三）构筑核心能力

文化营销为企业构建核心竞争力提供了新的途径。在文化营销中，价值观深深扎根于企业土壤之中，可以说是处于文化营销的核心地位，其他企业难以对它进行模仿，因为它是企业经过长期积累沉淀所得来的。从该意义上来讲，价值体系是一个优秀企业核心力量的源泉。

（四）增强竞争优势

文化营销是企业有效的竞争手段之一，它为实施产品差异化战略提供了新思路。简而言之，在产品或是服务中融入相关的文化内涵，这样能够使产品在一定程度上有别于竞争对手，从而提高产品或是服务的附加值，最终获得竞争优势，这便是实施文化营销的有效之处。不仅如此，文化营销的实施还可将企业的价值链进行重组，使企业经营的独创性以及各方面优势得以增强。

三、文化营销的层次

（一）产品文化营销

1. 产品方面

产品在文化营销视野中，既能满足消费者的相关物质需求，又能满足消费者精神以及文化层面上的需求。因此，对产品的命名、品牌、包装、造型等方面，企业均需提升文化品位，以此将产品与文化相互结合起来。其价值也随之包含两个部分，即使用价值和文化价值。此外，文化营销策划要重视产品的包装、命名、造型的文化品位。被誉为"东方酒文化瑰宝"的国酒茅台，也仅仅因为改进了包装设计，在国外售价便提高数倍，获得消费者的青睐。

2. 定价方面

站在文化营销视角看，整体消费利益是消费者所购买的内容，产品价格的定位应当以消费者获得的总价格以及让渡价格为准，且最终产品的价格应当与产品给予消费者各方面需求的满足程度相协调。简言之，产品价格的高低应当以消费者的认知为准，因为文化价值实际上是消费者的一种特殊心理体验。例如，我们所熟悉的茅台酒，同样是一个品牌的酒，但因包装的不同，其价格相差甚远。那么，我们就可以将超值的那部分认为是商品中存在的文化价值。

3. 分销渠道方面

在分销渠道方面，必须做好消费者行为的研究。例如，消费者的文化层次、趣味爱好、理解能力、思维定式等都对文化营销策略的制定起着重要作用，同时要加强对目标市场文化的研究。企业进入国内或国际市场时，必须从总体上了解当地的风土人情、价值观念、宗教信仰等方面的文化因素，做到有的放矢，以免因为文化差异的问题，影响产品分销渠道的建立。

4. 营销方面

在营销活动中，产品的文化内涵是文化营销十分关注的内容，它强调产品文化价值的创造。"喝孔府家酒，做天下文章"，这则广告不仅蕴含了"李白斗酒诗百篇"的激昂情怀，其最终含义又符合当代人追求事业成功的心态，将文化气息和价值注入孔府家酒中。事实上，通过赋予产品丰富的文化内涵，从而构建出一架链接产品和文化需求的桥梁，以唤起消费者的心理需求是营销的另一个目标。

（二）品牌文化营销

针对构成品牌文化的内涵要素，企业可以从自身产品的特色出发，借助品牌名称和标志的有形载体，设计恰当的品牌文化营销策略，如利益文化认知型营销策略、情感属性型营销策略、个性形象型营销策略以及文化传统型营销策略。以下仅列举后两个营销策略。

1. 个性形象型营销策略

个性形象型营销策略侧重于强调品牌的独特之处在于其具有某种与人相类似的个性。因而它不仅能引起人们的共鸣和认同，而且会成为目标消费者用以表达自我特性的工具，也即反映自我身份的"喉舌"。

2. 文化传统型营销策略

文化传统型营销策略就是指企业在建立产品独特的品牌形象时从目标消费者所看重的传统文化入手，建立与之相适应的文化形象。

（三）企业文化营销

将企业先进的精神理念、道德准则、价值观念、行为方式以及组织制度等，在营销过程中通过整合，从而有效地传达给社会，最终塑造一个良好的企业形象。良好的企业形象对于企业而言十分重要，因为它能在极大程度上帮助企业顺利实施各项营销手段与技巧。

企业文化营销策划，就是以组织目标为核心，确立一整套完整的保持和完善组织目标的价值体系，同时被组织中大多数人共同遵守，并形成与目标文化之间相互作用、相互渗透关系的分析、计划、控制的全过程。企业文化营销策划的核心在于寻求为消费者所接受的价值观念作为立业之本，从而促进消费者对整个企业包括其产品品牌的认同。

企业文化营销策划分为三个层次：表层、中层、深层。在这三个层次中，深层文化是最为重要的，因为它是支配企业及其职工的行为趋向，决定中层文化、表层文化的内核所在。自然，表层文化、中层文化的状况如何也会反作用于企业的深层文化，影响企业的凝聚力。

四、文化营销的发展趋势

（一）复兴传统文化

价格策略和商品策略将是未来市场竞争的主要内容。然而，文化的融入也将成为企业间竞争的主要手段。对于传统文化，取其精华，去其糟粕，融入企业文化活动之中，使产品更具民族特点以及历史内涵，这将是企业在未来竞争中制胜的一个有效途径。例如，"红豆"品牌服饰，其成功地利用了王维千古绝句的广泛知名度和传统文化的内涵，并将其移植于企业的产品名牌，使品牌有了同样的文化意义。

（二）伦理制胜

伦理制胜是企业21世纪文化营销的一个制高点。企业的伦理并不是固化的，它会随着不同时代的社会思想以及人们观念的进步而发生改变，但最终都应当与社会、企业、个人三方的共同利益相符。

松下幸之助（日本"松下电器"创始人），对企业在营销过程中所树立的伦理思想颇为关注。他认为人与人、企业与企业、企业与社会相处的根本准则是"和谐协调、共存共荣"。而21世纪对社会问题的关注使得伦理成为21世纪文化营销的重要内容。

（三）全球经营

全球经营的文化整合是21世纪文化营销的又一趋势。全球管理在经济全球化的某个层面已经成为企业管理发展的必然趋势。全球任何一个国家或地区在全球经营中，都可能成为企业总部所在地。在此期间，企业的员工不应局限于某个国家或某个地区，应当将不同文化价值观进行适宜整合，只有这样，才能够在竞争中立于不败之地。

第七节　口碑营销

一、口碑营销简要概述

　　市场营销理论是一个开放的理论体系，是一个与时俱进的理论体系。随着实践的发展，营销理论也在不断地拓展其领域，实践中能够解决营销活动难题的方法、工具和手段不断被引入理论研究领域，从而使得市场营销的理论体系不断完善和充实。随着互联网的普及、消费者购买行为的成熟和购物环境的完善等，网络营销、关系营销、电子商务、消费者关系管理等先进的营销理念被引入营销理论体系中。这是生产力发展的结果，是生产力对营销理论产生影响的体现，也是营销理论先进性的表现。在市场营销理论中，影响消费者购买态度并最终影响消费者购买决策和行为的信息主要来源于四条途径：人际关系、直接使用经验、大众媒介和企业营销活动。在营销实践中，营销者可以通过广告、营业推广等活动来影响消费者的购买态度，向消费者提供各种购买决策信息，并且营销者可以控制这些信息的内容、传播方向和传播力度等，营销者也可以通过开展公共关系活动来影响大众媒介所传播的信息，让大众媒介传播对企业有利的信息。但是，营销者很难影响通过人际关系所传播的信息，无法控制这一途径所传播信息的内容、传播方式和传播力度。通过人际关系所传播的信息被界定为口碑，使得利用口碑来提高企业的营销绩效成为难题，因此，很少有企业将其营销活动扩展到口碑领域。与口碑相关的研究也未得到学者的重视。近几年来，随着生产力的进一步发展，社会、经济形势发生了很大变化。一方面，信息传播方式进一步多元化，出现了信息过剩的局面，对消费者来说，信息触手可及，消费者缺少的不是信息而是有用的信息，消费者需要从诸多信息中筛选出对自己的购买决策真正有用的信息。另一方面，随着消费者消费行为社会化进程的加快，消费者的购买行为呈现出理性化、个性化等特征，单一来源的信息对消费者购买的影响力在下降，消费者需要更加理性地购买信息。在这种形势下，实践界对传统信息沟通手段的效果，如广告、销售促进、公共关系等产生了疑问。这是因为，通过广告、销售促进、公共关系等手段提供的信息过多，导致消费者所接收的信息泛滥，在诸多信息中无从选择，同时所借助媒介的公信度被消费者质疑。在实践领域，营销手段变革的压力增大，于是，很多营销实践者将目光投向通过人际关系传播的口碑上。对消费者来说，口碑具有更高的可信度和更强的针对性，营销者如果能对口碑的内容、传播方向等进行控制，就能取得预期的营销绩效。由于口碑的可信度、影响力等与其他传播途径相比更高，因此口碑被很多学者称为零号媒介。但是，如何对口碑进行控制，如何让口碑更好地服务于企业的营销实践呢？为回答这些问题，理论界展开了大量的与口碑有关的研究，围绕口碑开展的营销活动也相应地被称为口碑营销，并且逐渐成为营销的热点。很多学者投入口碑营销研究领域，分析口碑在营销活动中的作用，探索能够帮助营销者实现营销目标的口碑营销策略，为口碑营销的实践积累经验，口碑营销理论体系在这些探讨中逐步建立并发展起来。当前，口碑营销研究建立在学者的共识上：口碑能够影响消费者的态度，从而影响消费者的购买决策；控制口碑可以提高消费者购买的可能性，促使购买行为的产生，帮助营销者赢得消费者。口碑营销研究分成两个学派：一派站在营销者的角度，研究如何激发和控制口碑，主要包括口碑的形成机制、口碑效果影响因素、口碑传播动机、口碑传播频率、口碑传播意愿、口碑传播持久力、口碑与品牌资产、口碑与产品类别、口碑与意见领袖、口碑与广告、口碑与新产品扩散等；另一派站在消费者的角度，研究口碑如何影响消费者的购买态度、购买决策和购买行为，主要包括口碑传播的可信度、口碑传播的影响度、口碑与社会关系、口碑与购买态度以及口碑与购买决策等。

二、"强关系"的含义和意义

马克·格兰诺维特（美国著名社会学家）最早提出了"强关系"的概念。他认为人际关系网可分为两种，一种是"强关系"，另一种是"弱关系"，二者是相对关系，或者可以说是同一个理论的两个方面。

人与人之间具有相对密切的关系，有着相对强烈的情感纽带，我们将其视为"强关系"，且基于"强关系"下的人，通常会保持较为频繁的联系与互动的人际关系，不仅如此，他们还互相信任，如我们的亲人、朋友、邻居、同学等的关系。

沟通、信任、互惠是"强关系"所包含的三个基本要素。信任能够在一定程度上除去人们对"陌生人"的防备心理，能够降低沟通的复杂性，但这种良好的关系并不是一朝一夕就能形成的。首先，人们需要进行良好的沟通，之后通过对彼此相互了解之后才会出现交心情况。但要知道，信任与沟通并不是结果，互惠价值的交换与资源的增值才是结果。在营销中，"强关系"的地位目前越来越重要。我们可以将品牌与消费者之间的关系视为"强关系"。

消费者会比较信任跟自己有"强关系"的品牌。在还没有大众媒体之前，"弱关系"对营销的作用很大。

但是在互联网时代，"强关系"对营销的作用很大。现在公司通过媒体发布信息，瞬间便会让许多人知道。此时的营销，包括了传播和推广，更需要与"强关系"做朋友。一个品牌要让消费者对自己的产品和企业产生好感，必须让消费者产生信任。因此，对于品牌而言，"强关系"就是企业与消费者间的深厚感情，是一份彼此的信任，更是一份相互的价值给予。在营销之中"强关系"便是一种口碑的培育，消费者成为企业的好友，自然会进行各种推荐。

三、构建"强关系"的过程

（一）始于沟通

口碑营销，建立在沟通的基础上。与传统的沟通不同，这种沟通是强制的。通过社会化媒体和大数据，企业能够向消费者推广自己的产品和获取用户的信息。但是没有人愿意以自己隐私暴露的方式同企业沟通。因此，口碑营销的沟通还应包括用户同企业的主动沟通。企业在传达给消费者信息之后，要学会聆听，了解用户的需要，同用户做朋友。

（二）建立情感联集

1. 吸引

企业可以通过选择合适的社会化媒体，让用户关注品牌、产品、服务或者是任何营销点，面对不同的目标社群，然后发布有趣的内容，通过与用户聊天互动、搞有奖游戏等引起新用户的关注和参与，从而吸引新的追随者。毕竟，要有效传播内容，一个足够大的用户群体是很重要的，群体越大，传播就越快，力度也越大。

2. 扩散

社会化媒体的特性，就是利用一个人与很多人之间的联系，然后再通过一层一层的联系，把消息链接下去。这样，信息链形成了一条分享性很强的信息，自然能够引起广大人群的反应。企业在这个阶段要主动接触相关的用户，引起用户的关注和反应，之后好好地建设一个传播力强的社群。企业最好能够物色有影响力的社会领袖，并给予奖励，让他们为品牌发出声音。

3. 唤起行动

社会化营销的目的，假如只是单纯地提高认知度，就没有好好地利用"社会化"这个特性了。其实，要提高认知度，社会化媒体很多时候并不是最佳选择，因为它讲究的是深耕细作，效果往往不是一蹴而就的。传统营销智慧告诉我们，要迅速打响品牌，一定要投入资金，在覆盖够大的传播媒体上推广才有效。当然，在社会化媒体上做事件营销、新闻炒作，也不是没有成功的例子。只是，事件炒作要非常谨慎，否则很容易弄巧成拙。

在社会化营销过程中，应该好好利用信息链传播的信息迅速扩散、唤起海量反应等特点，达到"唤起行动"的效果。

4. 持续

很多时候，好的内容和好的活动，其实都应该有更长的传播或者营销周期。这样，接触到的人群会更多，引起的共鸣也会更广泛。一般而言，信息必须通过一个社会化媒体，转移到另外一个媒体或者电子渠道，又或者是把营销从线上转移到线下。

（三）重视用户体验

1. 铺垫

在营销之前，公司应使消费者对自己所展开的具体活动有印象，可以采用如公司品牌宣传、形象宣传、产品宣传等方式。这些铺垫在社交媒体上能够引起粉丝的注意，并使其对自己的产品有较为深刻的印象，除此之外，还能够形成一个粉丝群。在整个铺垫的过程中，如何宣传品牌信息是最重要的。

2. 互动

这里的互动主要指的是品牌与消费者之间的交互活动过程。品牌能够和消费者在互动过程中产生一种"强关系"。因此，企业应当与消费者建立平等关系，而不能摆出一副高高在上的姿态。实际上，企业在社交媒体上的互动就是一种特殊的广告投放。企业通过主动搜索、聆听，成为成功的社会化营销者。

3. 共鸣

营销的声音假如跟社会化声音的频率相同的话，也会产生营销上的"共鸣"。品牌营销的时候，要跟它的受众产生共鸣。品牌要在社交媒体上对消费者进行有效的划分，对其进行管理，在互动过程中了解到消费者的需求，从而有效地投放广告、改良产品。品牌不再是单纯地制造频率，而是要适应社会大众的频率，要通过技巧制造更响亮的营销声音，让更多的消费者成为品牌的推销员。

品牌只有通过在合适的社会化媒体上，提供最好的用户体验，才能真正跟消费者建立关系，这个过程一定包含了铺垫、互动和共鸣这三个重要的阶段。

第七章　新时期市场营销策略的
管理与创新

随着我国经济的发展，无论技术创新还是产品创新，都需要营销创新与之配合。本章分为以创新为导向的营销策略、以出口扩大市场为导向的营销策略和以海外投资规避贸易壁垒为导向的营销策略三部分。本章主要内容包括营销模式创新、实施绿色营销战略、实施集群式发展战略、以出口为导向的营销策略、以出口为导向的市场营销组合策略、企业海外投资的动因、我国企业海外投资策略、我国企业海外经营的影响因素。本章主要对新时期市场营销策略的管理与创新进行了简要分析。

第一节　以创新为导向的营销策略

一、营销模式创新

时代的变迁促进了新技术的产生，同时也对传统营销造成了一定程度的冲击。随着信息技术和网络技术的飞速发展，互联网已经成为对社会影响最大、最深刻的因素之一。互联网的飞速发展，推动着人类进入网络经济时代，网络营销不断冲击着传统的企业营销模式和运作方法，并从不同的角度和层次深刻地影响着现有的经营理念和思想。在网络经济时代，企业经营环境发生了重大转变，网络营销因其成本低、应用范围广、效果强的天然优势为企业提供了前所未有的机遇。网络营销是现代营销的核心，也是开展国际市场营销的有力手段。由于在网络中，企业不论规模大小都可以充分获取世界各地的信息并展示自己，因此企业就获得了一个极好的发展空间，只需花极小的成本，就能够建立起自己的全球信息网和贸易网，将产品信息迅速传递到以前只有财力雄厚的大公司才能涉及的市场中去，平等地与大型企业竞争。转变市场营销模式，可以有效减少在人力和物力方面的直接投入，扩大企业的利润空间；充分利用更加低成本、灵活的营销方式。例如网络直销，可以降低企业传统营销所需的成本，使企业的收益最大化。除此之外，还能在激烈的市场竞争中为企业提供更多的降价空间，使其占据有利地位，同时也使其具有了与大型企业同台竞争的机会。如今网络作为平台承载了大量的重要创新，使得建立在此基础上的营销模式创新作为营销创新的内在组成部分，成了企业收益最大化的必要条件，也成为推动企业发展的重要利器。

利用互联网有效地开展网络营销活动，寻找新的商机，这已经成为众多企业经营的一种必然选择。病毒营销、O2O营销、大数据营销、通信营销、体验营销和社交网站营销等方式只是众多互联网营销方式中的一部分。实际上，如今营销模式的推陈出新是十分迅速的，在这样的市场环境下，营销模式的创新显得尤为重要。这就要求企业必须与时俱进，积极探索和钻研新模式，才能保证自身企业不会被市场所淘汰。对于企业来说，创新营销模式既是其进一步发展的机会，又是对其的挑战。

一般情况下，企业可以通过以下方式开展网络营销。

①与其他企业联合建设电子商务网站，直接开展网络营销，这种方法收效较为显著。

②应用国际贸易电子商务平台等专门的电子商务平台开展网络营销，这种方法投入少，难度小，能有效推进网络营销的发展。

总之，网络营销有利于企业的发展壮大，还能为其提供一个与大企业平等竞争的环境，以及为其跻身国际市场提供了机会，因此企业应充分利用网络营销带来的机遇，勇敢地走向国际市场。

二、实施绿色营销战略

目前，绿色贸易壁垒已经成为我国出口的一大障碍，许多发达国家甚至是一些发展中国家都蓄意制定一系列苛刻的环保标准，从而限制我国的产品和服务。由于我国的产品在绿色环保方面存在很大问题，面对日趋强大的绿色贸易壁垒，我国必须使产品或服务在国际市场上能够满足进口国政府和消费者对保护环境、维护健康等的要求，从而实现出口目标的可持续发展。这就要求在国际市场营销过程中，企业必须满足人们的绿色消费需求，履行环境保护的责任和义务，提供绿色产品以达到自身利益与社会整体利益的协调统一。欧美一些发达国家的政府和消费者对绿色环保日益重视，针对此类消费者群体的绿色需要，出口企业应做到以下几个方面。

①对国外消费者群体进行绿色需求特征的调研，从而更加全面地了解目标市场对绿色方面的要求。

②制订符合我国企业实际情况的绿色计划，通过改造产品制造工艺，从根本上解决环保问题。

③实行绿色包装，采用符合进口国的环保标准和包装法规，尽量使用可循环的材料作为包装。

④重视自主开发绿色产品，关注绿色方面的新动向。

⑤重视绿色标志和标准，要争取获得 ISO14000、欧洲的 CE 等认证。对许多出口产品来讲，通过 ISO14000 认证是进入发达国家市场的先决条件，取得 ISO14000 环境认证，也就取得了通向欧美市场的通行证。

三、实施集群式发展战略

当前国际经济竞争已成为产业集群的竞争。自 20 世纪 90 年代以来，产业集群已发展成为世界经济中颇具特色的经济组织形式，日益成为区域经济新的增长点，成为提高区域产业竞争力的重要因素。随着经济全球化和我国市场经济体制的逐步深化，产业集群以其强大的生命力对区域经济做出了越来越重要的贡献，有力地推动了区域经济融入世界生产体系、参与全球竞争的进程。

产业集群既是一种独特的经济发展现象，又是一种成功的经济发展模式，产业集群的核心特征是其内部的共生机制。集群内的企业之间既有分工又有协作，既有竞争又有合作，最终形成一个区域集群，产生"集群效应"，实现规模报酬递增。

随着经济全球化的发展，产业集群规模效应凸显，产业集群对区域经济发展的影响也日趋扩大，国内外一些特色产业集群已然成为当地经济有力的助推器。著名的战略学家迈克尔·波特将发达经济体的高速发展归因于这些地区拥有声名显赫的产业集群，如美国硅谷的微电子产业集群、西雅图的飞机设备产业集群、瑞士的钟表产业集群，以及芬兰的赫尔辛基通信和电子产业集群等。同发达国家相比，发展中国家的产业集群尽管在发展层次和经济实力上有所差距，但仍然保持了较强劲的发展势头，如印度的班加罗尔计算机软件产业集群和我国台湾新竹的半导体硬件产业集群等。我国的产业集群自改革开放以来，发展势头也很强劲，目前我国有 90 000 多家各类型的交易市场，年交易额近万亿元，其中产业集群约占 55%，交易年增长率在 20% 以上，是全国国内生产总值增速的两倍多，成为我国经济增长的一种重要模式。产业集群现象带来的经济效应已经被各地方政府和区域经济机构所关注，产业集群现象也逐渐普遍。

企业集群是指在产业领域内相近，在地域区位上集中，在利益上相关的企业群。这一含义定义了集群的外部原因是产业相近、地域集中，内在动因是利益相关。利益相关性是集群内企业共同发展的基础，也是区别于其他形式企业集合体的特征之一。企业采用集群式发展战略有以下两方面好处。

（一）成本优势

企业采用集群式发展战略有利于企业的产业集群降低成本，形成规模效应。企业产业集群可以使原材料采购、销售规模化，通过专业化程度高的众多企业进行专业化分工，以获取外部规模经济效益，可以以低成本进入国际市场，从而增强企业的竞争能力。

（二）创新优势

区域产业集群在提高企业持续创新能力方面具有以下几个方面的优势。

①产业集群能够为企业提供更多的创新机会，有利于促进各种专门人才、专业技能的交流，降低创新成本。

②产业集群有利于营造积极、活跃的竞争环境，从而激发各个企业的创新动力，开拓国际市场。

第二节　以出口扩大市场为导向的营销策略

一、以出口为导向的营销策略

以出口为导向的营销策略包含市场细分、目标市场选择、市场定位，这不仅是现代市场营销理论的核心，而且百余年来一直被西方世界称为企业成功的三部曲。

（一）国际市场细分策略

世界上有 200 多个国家和地区，购买者众多，分布面广，由于各国的经济、政治、法律、文化不同，消费行为千差万别。另外，市场上存在不同的竞争者，企业自身的资源也有限，企业不可能同时满足整个国际市场的需要。只有对市场进行划分，把整个大的市场细分为一些小的市场，选择其中的一部分作为自己的目标市场，出口企业才有可能占领它。其目的在于有利于企业根据自身的状况和市场需求，充分发挥企业的竞争优势，发现并抓住能给企业带来效益的最佳市场机会，使企业合理配置资源。

市场细分就是根据消费者的购买习惯、购买行为，以及对产品的需求与欲望等方面的差异，将市场划分为若干个子市场。消费者需求的差异性使市场细分成为必要，某些消费者形成的类似性需求使市场细分成为可能，这种细分随着消费需求的差异性和类似性变化而不断变化。国际市场的细分具有以下优势。

①有利于创造出针对目标受众的更适合他们需求的产品或服务。

②有利于制定科学的战略方案，满足消费者的潜在需求。

③有利于发现新的市场机会，开发新的市场。

④有利于选择最佳市场，提高营销效益。

⑤有利于及时调整营销策略，从而更好地适应市场需求。

⑥有利于企业更清晰地掌握在相同的细分市场中其竞争者的优势与劣势，增强企业活力。

1. 国际市场细分的标准

国际市场细分的标准包括地理标准、经济标准、人文标准、心理标准、行为标准及组合标准等。根据地域性，国际市场可划分为西欧市场、北美市场、中东市场、东亚市场、南亚市场、南美市场、东欧市场、俄罗斯市场、非洲市场及大洋洲市场。然后再来分析各区域市场的特点及需求情况，以便进一步进行市场细分。按照地域划分时，有些国家的市场很大，这就需要企业在细分市场的基础上，还需要更窄地确定某些群体，确定利基（NCHE）。

一个有吸引力的利基市场有这样一些特征，如消费者有明确的相似需求，他们愿意为最能满足其需要的公司付溢价，利基营销不会吸引其他竞争者的注意力，利基营销者通过实行专门化而获得经济利益，利基市场有足够的规模、利润和成长潜力。

2. 国际市场细分的步骤

①根据需求选定产品的市场范围。

②列举潜在消费者的基本需求。

③分析潜在消费者的不同需求。

④筛掉潜在消费者需求的共同需求。

⑤将不同需求的消费者群体划分为若干个子市场。

⑥进一步分析各个子市场的特点，如果有必要则做进一步细分或合并。

⑦衡量和评估各个子市场的潜在规模。

3. 市场细分的有效性

有效的市场细分应具有如下特性。

①可衡量性，即细分市场的规模、购买力和特征是可以被衡量的。

②可进入性，是指企业有能力进入所选定的细分市场。

③可盈利性，是指企业所选定的细分市场的规模值得为之设计一套有利可图的营销规划方案。

出口企业由于资源等的限制，应尽量根据国内外因素选择适合的细分市场进入，可以在以出口为主的国际营销初级阶段，成功地实现企业的业绩增长，保证企业的健康发展。尤其在我国产业结构不合理，出口商品结构落后的现实条件下，趋同的市场，不仅存在激烈的竞争，还造成产能的过剩和资源的浪费。

（二）目标市场选择策略

一般情况下，目标市场选择策略可以分为以下五种模式。

1. 市场集中化

市场集中化是集中营销策略的应用，即企业选择一个细分市场，对其采取集中服务。这种营销方式能够使较小的企业深刻了解该细分市场的需求特点，专门填补该市场的某一部分需求，从而获得强有力的市场地位。但是，这种市场集中化的模式也存在较大的经营风险。

2. 产品专门化

产品专门化是指企业集中生产和销售一种类型的产品，如服装厂商只为消费者提供不同种类的中档服装产品和服务。虽然这种模式有利于企业树立较高的声誉，但是当消费者流行偏好转移，或是出现其他品牌的代替品时，企业会受到较大的冲击，面临巨大的威胁。

3. 有选择的专门化

有选择的专门化是指企业根据自身企业的目标和资源选择几个细分市场，但各个市场之间的联系较少。这种模式能有效分散经营风险。

4. 市场专门化

市场专门化是指企业针对某一特定消费者群体为其提供相应的需求，这种模式有利于企业建立良好的声誉，但由于消费者群体的需求容易发生变化，因此企业在应用这种模式时需要承担较大的风险。

5. 完全市场覆盖

完全市场覆盖是指企业以所有的细分市场作为目标市场，通过各种产品满足消费者的需求。一般情况下只有大企业才会采用这种模式。例如，可口可乐公司在饮料市场开发众多的产品等。

（三）市场定位策略

市场定位策略是指根据竞争者现有产品在市场上所处的位置，针对消费者对该产品某种特征或属性的重要程度，创造出具有本企业特点和鲜明个性的产品，并通过相应的市场营销组合将这种产品准确、形象生动地传递给消费者，从而使该产品在市场上确定适当的位置。其实质是确定企业包括其产品和企业形象在市场中的位置，使本企业与其他企业区分开来，使消费者明显感觉和认识到这种差别，从而在消费者心中占据特殊的位置。市场定位是企业全面战略计划中的一个重要组成部分，它关系到企业及其产品在竞争市场中的与众不同。

消费者一般都会选择那些能给他们带来最大价值的产品和服务。因此，赢得消费者信任的关键是比竞争者更好地理解消费者的需求和购买过程，并向他们提供更多的价值。通过提供比竞争者较低的价格，或者提供更多的价值以使较高的价格显得更加合理。企业可根据消费者的需求特征或企业与竞争对手的实力对比，选择与竞争对手正面对抗，或避开对手的锋芒，选择竞争对手尚未进入的市场空白区域作为企业的市场定位。但无论采用哪种定位方法，市场地位最终要体现在企业的产品和相应的定价上。因此，市场定位也被称为产品定位。具体而言，企业可以选择根据产品的档次定位、根据产品的用途定位、根据产品使用者的要求定位、根据产品的属性与受益定位等。市场定位的关键是找出目标市场与本企业资源能力的最佳结合点，然后集中精力针对目标消费者的需求，全身心地为这个市场服务，为其提供有价值和特色的产品和服务，以此获得超越竞争对手的优势。

1. 选择合适的竞争优势

竞争优势主要是指企业能够战胜竞争对手的现有能力或潜在能力。选择合适的竞争优势就是企业与其竞争者在各个方面进行比较的过程。因此，企业必须建立一个完整的指标体系，才能准确地选择相对竞争优势。分析法是企业选择合适竞争优势的主要方法，通过对本企业和竞争者在产品、财务、市场营销、生产、采购、技术开发、经营管理等方面进行比较，确定企业在目标市场中所处的位置，从而选择适合本企业发展的优势项目。但是企业在进行市场定位时，要避免出现定位混乱、定位过度、定位过宽或定位过窄的情况。

2. 制定市场定位战略

选择好市场定位，企业要通过一系列的宣传促销活动，将其独特的竞争优势准确地传播给潜在消费者，并在消费者心目中留下深刻印象。

①企业应使目标消费者了解、知道、熟悉、认同、喜欢和偏爱本企业的市场定位，在消费者心目中建立与该定位相一致的形象。

②企业通过各种努力强化目标消费者的形象，保持对目标消费者的了解，加深与目标消费者的感情，进而巩固与市场相一致的形象。

③企业应注意目标消费者对其市场定位理解出现的偏差或由企业市场定位宣传上的失误而造成的目标消费者模糊、混乱和误会，及时纠正与市场定位不一致的形象。

根据 STP 理论，企业要想在竞争中脱颖而出，必须要对市场进行调研分析，在准确进行市场细分的基础上，慎重选择好目标市场，将少量资源分散投入多个细分市场，分析其投入与收入比例，经过筛选、衡量，最终确定一个合适的选择方案；最后要对产品进行正确的市场定位。出口企业在市场定位中要避免好高骛远，忽略了对企业自身资源及能力状况的分析把握，很多情况下即使目标市场很有潜力，但是企业如果缺乏相应的人才、技术、资金、营销等资源与能力，也很难在该目标市场上定位成功。小型出口企业应选择避强定位、补缺定位和另辟蹊径定位策略，避免与实力远超于自身的其他企业发生直接竞争，应使自己的产品在某些特性和属性上与其他企业有显著的区别，从而在消费者心目中留下特别的印象。

二、以出口为导向的市场营销组合策略

产品策略、价格策略、渠道策略和促销策略共同组成了国际市场营销组合策略，正确运用这四种策略是企业成功营销和扩大出口的关键所在。企业应依照自身的现实条件，谨慎选择和灵活地运用营销组合策略。

（一）产品策略

满足市场需要是企业的市场营销活动的中心，而向市场提供某种产品或服务是满足市场需要的唯一途径。企业的市场营销活动的重心应致力于提供满足目标消费者群的需求的产品。产品是企业从事生产和销售的物质载体，产品策略运用得成功与否，在一定程度上会影响企业的发展和成功。

由于出口企业具有机动灵活，市场进退成本低，市场适应性较强，能更快地反映市场需求等优势，因此，出口企业应根据目标消费者群的差异化需求开发新产品，在国际市场营销中应选用针对消费者需求与期望的产品差异化策略。

产品的差异化是指企业能够提供给消费者的、具有独特性的，且又区别于其他竞争企业的产品。由于国际市场具有多元化，文化、经济条件和消费习惯的不同会影响用户对产品需求，使其在款式、花色、品种、质量等方面的要求存在差异。因此，企业必须进行调查研究，通过对市场需求的全面分析，了解市场的变化规律和行情，从而以产品差异化应对需求多样化。

1.适用于企业的产品策略

我国的企业可以从以下五点来考虑产品策略。

（1）补缺产品策略

我国许多大型企业更注重对规模经济和高利润的追求，因此在小批量、小商品方面为其他企业留下了市场空间。企业要善于抓住市场的机会，推出主打产品或品牌产品。

（2）特色产品策略

特色经营和特色产品是企业扩大规模，降低成本的重要方法之一，能够有效提高企业的经济效益，如传统工艺等。

（3）小、精、专的产品策略

目前，我国大多数企业因资源有限，整体实力偏弱，想要在多元化的发展模式中获得发展，必须缩小自身企业的产品领域。

（4）定制营销

定制营销主要是指企业根据消费者的特殊需求进行设计和生产，将消费者作为潜在的细分市场的营销方式。与传统的营销方式相比，定制营销具有以下几方面的竞争优势。

①以消费者为中心的营销观念。从消费者的角度出发，为其开展具有差异性的服务，从而与消费者建立良好的关系。这种一对一的营销方式能够更好地满足消费者的个性化需求，在提高企业形象的同时增强了企业的竞争力。定制营销具有较强的创新性和特殊性，极大地提高了个性化服务管理水平与经营效率，实现了企业细分市场的裂变发展。

②降低了成本。定制营销在一定程度上实现了以销定产，极大地减少了成本支出。大规模的定制使企业的库存最小化，以消费者订单为依据来安排定制产品的生产与采购，降低了运营成本。

定制营销是将以消费者为中心与低成本结合在一起形成的营销模式，在大规模生产模式下，以较低的成本满足了消费者的需求。由此可知，以消费者愿意支付的价格进行定制，以及高效率、低成本的定制是该模式的基本任务。

③增强了竞争力。定制营销策略增强了我国企业的竞争力，使其能够立足于国际市场之中。例如，我国作为日本服装纺织品第一大出口国，近年来来自日本的订单由早期的款式少、量大、价格低逐渐发展到如今的款式花样多、单款数量少、利润率高，服装订单呈现定制化的发展趋势。

（5）产品的创新

由于产品存在着一定的生命周期，即产品进入市场后，时间的推移会导致其销售量和利润发生改变。产品的生命周期呈现出由短到长，再到短甚至消失的过程，因此产品必须要不断进行创新。企业为了延长产品生命周期，增加销量，一般会通过开发产品的新用途、增加产品的使用频率、获得新的产品使用者、对产品重新定位等手段来实现。

企业应紧密跟踪新需求的产生，开辟具有自身特色的市场，创造与众不同的产品，从而实现创新的发展战略。除此之外，企业还应积极关注国内外先进的工艺，不断进行吸收、借鉴、推陈出新，用创新去适应消费者需要的变化，从而提高企业的创新能力和竞争力。

2. 企业的品牌营销

成功的品牌营销策略不仅可以使企业获得更高的成功率，还将造就成功的企业和成功的品牌。品牌在国际市场营销中具有重要的作用，是企业的无形资产。近年来，国际贸易竞争改变了传统的价格竞争模式，逐渐转变为以质量为核心的竞争，如著名品牌竞争等。

品牌既是一个国家形象的有力体现，也是一个企业的形象、信誉的集中体现。产品质量是一个品牌的核心，促使品牌成功的因素主要包括成功的营销策略、精心的广告宣传、大量的资金投入、可靠的售后服务、严格的质量保证体系、较高的素质，以及先进的技术等。我国多数的出口企业并没有意识到建立品牌的战略意义，缺乏长远的战略眼光，对品牌的保护意识淡薄，导致我国大部分企业缺乏品牌竞争力。因此，企业在实施产品营销的过程中，必须结合自身企业的实际情况，在品牌营销中另辟蹊径，才能更好地发挥品牌营销的作用。企业要想建立长久的知名品牌，需要注意以下几个方面。

①加强品牌意识，提高竞争力。近年来，我国加入世贸组织，为国内企业带来发展的机遇，同时也使其面临着与国外知名企业的竞争。竞争模式也从传统的局部竞争转向更高层次的全面竞争，如服务竞争、产品竞争、价格竞争等。

在这样的环境下，企业必须加强品牌意识，建立属于自己的、竞争力强的品牌，才能在竞争激烈的市场上分一杯羹。

②寻找市场空白点，创立优势品牌。在面对众多被知名企业占据先机的领域，企业需要寻找知名企业处于弱势地位的空白点，并以此创立自身企业的品牌优势，占领优势地位。

③借助现代科技手段，实行网络品牌销售。网络时代的到来，科技飞速发展，使信息沟通变得更加快捷，拉近了企业与消费者之间的距离。网络营销的特点包括见效快、投入少、传播速度快、成本低等。与传统的销售方式相比，网络品牌营销更具优势，可以在最短的时间内获得市场的认可。对于资金实力不足的企业而言，这是一种值得选择的品牌销售渠道。

④加强品牌管理，获取长期利益。品牌管理的加强有利于一系列营销环节更加规范化和系统化，如品牌核心价值选择、品牌形象塑造、品牌传播、品牌意识确立、品牌定位等，并且使之成为企业的常规性管理工作。

近年来，品牌竞争已经逐渐成为市场竞争的焦点，因此我国企业必须建立一个稳定的、长远的品牌营销战略和制度化、规范化的营销管理机制，从而对品牌进行资产评估、营销传播和战略性监控。

（二）价格策略

一般情况下，市场决定了大多数商品和服务的价格，而企业则拥有独立定价权，导致价格成为一种难以控制的变量。而价格又是决定产品销路的重要因素之一，特别是当产品跨越国境、走向国际市场后，该价格将变成国际市场价格，并变得更具复杂性、竞争性与多变性。价格适当与否，常常关系到产品在国际市场上的竞争地位与所占份额，影响到企业所获收入和利润的大小。由此可知，价格是在市场竞争中最为常用的竞争手段，同时也是市场营销组合的一个重要因素。在企业营销组合策略中，选择适当的定价策略既是企业竞争的一大利器。如何把定价目标选得恰当合理，不仅关系到国际市场整体营销战略的成败，还影响企业国际市场定价策略的正确制定。

在国际市场上，由于各家企业的主客观条件、内外部环境的不同，因而定价目标的选择不可能一成不变、千篇一律。企业在制定和调整企业的产品价格时，不仅要选择好定价目标与定价方法，还必须制定一整套定价策略。定价策略是企业在国际市场上为达到某种定价目标，在综合考虑产品成本、市场行情、竞争产品价格、市场需求、购买者心理动态、产品的技术含量与所处的生命周期和市场营销组合的基础上，制定最有利的营销价格所拟订的工作方针与行动方案。定价策略的奥秘就是在一定的营销组合条件下，如何把产品价格制定得既能被广大消费者所接受，又能为企业获得更多的收益。

通常影响国际市场产品价格策略的因素主要包括生产成本、管理支出、税收情况、价格趋势、参与跨国经营时间的长短、调价策略、自身实力、定价策略、定价方法、消费者的不同等。一般情况下，企业在进入市场前通常会采用弹性价格、偏低定价和偏高定价三种策略。

1. 弹性价格策略

弹性价格主要是指先制定一个初始价，再根据产品所要销售的消费者、地区、国家等做出适当的调整。这种策略不仅全面、灵活机动，顾及了企业的整体效益和战略目标，还考虑了竞争对手的策略，围绕全球消费者的利益实施，有利于企业的长远发展。

企业在确定产品价格后，由于国际客观环境和市场情况的变化，往往会使价格生产波动，因而企业还需根据变化的行情对现有价格进行修改和调整。

企业遇到以下情况时需要考虑降价：

①生产成本下降。随着科技的不断进步，劳动生产率不断提高，由于生产成本逐步下降，其市场价格也应随之下降。

②消费者对价格产生了较大排斥。企业为了挽留消费者、保证市场份额，通常会考虑降价。

③市场供过于求。当企业生产能力过剩，导致库存积压严重时，企业会以降价来刺激市场需求。

企业遇到以下情况时需要考虑提高价格：

①产品供不应求。这种情况能够有效抑制需求过快增长，使其保持供求平衡，同时还能激发消费者的购买欲，为企业创造有利条件。

②通货膨胀。这种情况往往会导致生产成本的增加，企业为了保证利润而提高价格。

2. 偏低定价策略

偏低定价策略是指产品进入国际市场时将价格定得很低，这一定价策略主要针对购买者的选价心理，以低价将产品打入国际市场，以获取长期利润，它适用于大众化商品或大规模机械化的产品。采取这种策略的好处在于产品的低价容易被购买者接受，有利于企业立刻打开销路，占领和扩大市场，促使企业改进工艺，降低成本，最后获取利润。

3. 偏高定价策略

偏高定价策略是指企业在国际市场中将产品的价格定得很高，主要利用消费者对高质量、知名品牌产品的信赖和对具有独特性产品的追求。由于产品新颖、高级能给用户带来巨大的效用，因此会有足够多的消费者愿意购买。在出口业务中采取这一策略的企业一般是由于对某种独创性产品的研发，使企业自身处于行业中的独创者地位，在产品被广泛效仿或技术得以普及之前，采取高价，既是对早期新产品研发投入的回报，也可以利用产品创新的优势获得最大的利润。实行这种定价策略虽然能在短期内收益快，并给企业带来产品优质的形象，但它的缺陷在于不利于开拓市场，且高价也易于吸引竞争者加入生产和经营，增加竞争对手，最终会使产品供过于求而降低价格。

（三）渠道策略

渠道策略指产品由一个国家的生产者流向国外最终消费者所经历的途径。在世界市场上，生产者和最终消费者很少能面对面地进行交易，产品的流通、所有权的转移都要经过无数中间人才能最后到达消费者手中。各种产品的不同渠道客观地存在于市场中。出口企业不但要使自己的产品适销对路，还要选择适当的渠道，使产品能够顺利而及时地到达消费者手中。所以，渠道策略是国际市场营销整体策略的一个重要组成部分。国际渠道的选择对国际市场营销的成败关系重大。出口企业在选定出口的目标市场、决定产品策略和确定产品进入国际市场的方式以后，就要考虑如何选择渠道。

1. 企业可借助的销售渠道

（1）传统渠道

传统渠道分为直接渠道和间接渠道量两种。

①直接渠道，主要指企业自身建立由国内到海外的营销渠道，这种渠道具有效果显现的时间长、风险高、投入大等特点。

②间接渠道，主要指企业借助海外以及建立好的营销渠道，并通过中间商开展产品营销活动。这种渠道具有进入市场快、风险小、成本低等特点，同时也存在着许多问题，如服务跟踪不及时、对市场控制力较弱、利润相对较少等。

（2）网络渠道

随着全球化和信息技术的发展，网络营销已经成为主流营销方式。对于企业来说，网络提供了全新而有效的销售渠道。企业在对产品和服务进行传播时，可以借助互联网、现代通信技术更加便捷地实现满足消费者需求的目的。同时网络营销还具有成本低，信息交流的速度快的特点，且不受时空的限制，不仅为企业营销渠道的拓宽提供了可能，还极大地减少了其成本。

2. 拓宽出口营销渠道的方法

由于渠道牵涉的问题很多，涉及面也广，因此，必须谨慎从事。现笔者提出以下几种拓宽出口营销渠道的方法。

（1）选择恰当的渠道成员

选择渠道成员取决于该企业本身的声誉及其产品的畅销程度，对不同的企业来说，难易程度相去甚远。企业在选择合格的中间商时需要考虑的条件或标准包括声誉、合作态度、信用等级、偿付能力、成长和盈利记录、经营的其他产品、经营年限等。同时，企业还应对其未来成长的潜力进行评估。

（2）适当鼓励中间商

企业为了更好地与中间商进行合作，应当予以适当的鼓励，主要方式包括以下几个方面。

①对中间商最好的鼓励就是为其提供适销对路的优质产品。

②给予中间商尽可能丰厚的利益。这样做可以提高中间商经销的积极性，尤其是刚进入市场的产品和知名度不高的产品更适宜。

③协助中间商进行人员培训。因有许多产品需要安装调试、维修、改装、施工、技术改造以及其他业务技术咨询，这些生产企业不能完成或不能全部完成的工作，就必须请中间商代为办理，同时就需要帮助中间商培训人才。

④授予中间商以独家经营权，即指定某一中间商为独家经销商或独家代理。这种做法能够调动中间商的经营积极性。

⑤企业可以和中间商共同开展广告宣传。企业可以与中间商进行合作，共同开展广告宣传或是对中间商提供资金帮助，如推销津贴、广告津贴等，从而减轻中间商的负担。

（3）评估与调整出口渠道

由于外部市场环境和企业内部条件等经常发生变化，企业还要对渠道进行定期评估和及时调整。例如，竞争者的营销渠道与本企业冲突、企业改变产品结构、中间商信誉较差、目标市场已经转换等。当消费者的购买方式发生变化、市场扩大，或有新的竞争者进入以及产品进入生命周期的另一个阶段时，便有必要对渠道进行调整。对营销渠道进行调整需要注意以下两个方面。

①对消费者进行评估。评估内容主要包括消费者的经营效率、合作态度、销售能力、资信状况、履约率等。

②对营销渠道机构进行评估，主要是对营销渠道模式的经济效益进行评估。

（四）促销策略

促销策略主要指通过一系列活动对产品进行宣传，从而刺激消费者的购买欲。国际促销的本质在于企业与消费者之间所进行信息传递的过程，是企业与消费者之间的营销沟通过程，也是企业（卖主）在国际市场上以人员或非人员的方式，向潜在买主传递产品和服务的信息，树立品牌和企业形象，并说服和引导买主进行购买的一种营销活动。国际市场营销与国内营销一样，都需要促销，但国际市场营销与国内市场营销最大的区别在于，企业所从事的是跨越国界的市场营销活动，所面临的是陌生的市场环境，所服务的是具有不同的文化背景和消费需求的消费者，而这些差异往往成为其产品进入国际市场的最大障碍。企业企图通过自己的力量来消除不同国家之间在政治、法律、社会、文化及消费者需求方面的差异是不可能的，但企业可以通过跨国界、跨文化的商业沟通，使企业营销活动与国际市场营销环境相适应；通过宣传、说服和引导，促进国外消费者对其产品的了解、认同和接纳，从而促进产品顺利地进入国际市场。

企业可以根据自身的实际情况进行主动促销，常用的途径包括以下两种。

1. 借助展会促销

近年来，国内外具有专业性和综合性的展会日益增多，国际展会是指国际性的产品展览、交易会，包括博览会、展销会和交易会等。国际展会是一种超越国界，既展览产品，又洽谈生意的产销见面的特殊国际促销形式。在国际展会上，来自世界各地的产品荟萃，各国行家云集，形成世界贸易焦点，国际影响大，既是买卖双方产品的交易机会，又是产品技术和信息交流的场所。国际性的展会能为企业提供更多与外商洽谈的机会，海外进口商也通过展会更直观地了解企业实力、产品状况及获得对供应商的服务印象，提高外商对企业的信赖度。企业应在自身实力允许的情况下，或在新产品推出的时机，借助有影响力的展会来推广本企业的产品，塑造企业形象，形成新的销售增长点。

2. 配合中间商在其本国内开展促销活动

企业一般只关注产品的研发和生产，对于目标市场的销售情况由于受地域条件的限制，很难进行监控和了解。当国外中间商有促销的请求时，企业应多给予配合，在产品的供应等方面给予支持。

第三节　以海外投资规避贸易壁垒为导向的营销策略

一、企业海外投资的动因

（一）寻求经营资源

目前，各国对自然资源的竞争十分激烈，由此产生了许多着眼于当前利润的跨国投资行为，在一定程度上阻碍了国民经济的发展。企业在资源丰富的国家直接投资建厂，不仅可以弥补国内资源需求的不足，还能保证这些资源持续地供给。因此，我国部分企业已将其作为跨国经营的首要目标。

（二）发挥技术优势

近年来，我国虽然在技术水平方面仍然落后于发达国家，但是在某些领域我国企业的技术已经占据了相对优势的地位。自从改革开放以来，我国企业在跨国经营中一直把技术引进作为一项主要内容，来缩短与发达国家技术水平的差距。我国有一些行业，近几年通过技术引进与开发，研制了大量有较高技术水平的生产设备，但由于国内生产总量大大超过需求，相当比例的设备闲置。利用这些设备进行海外投资，既可以解决国内设备闲置的问题，又能带动零部件出口。到国际大环境中去发挥我国这种相对优势，也是我国企业进行跨国经营的一个重要动因。而且开展跨国经营，可以最直接、最有效地利用最低成本获得世界最先进的技术。

（三）企业的盈利动机

我国的经济体制改革，增加了企业按商品生产行为谋求最大利益的愿望，从而形成了内部化市场的原始动机。利润动机的增强表明，在市场机制下，企业充分利用其经营能力，突破国界，谋求综合经营效率的提升，表明我国企业跨国经营意识有了质的飞跃。除此之外，企业进行跨国经营的动因还包括增强创汇能力、利用外资、享受优惠政策等。

二、我国企业海外投资策略

（一）劳动密集型行业的对外投资策略

我国的外向型经济发展了一大批以劳动密集型为主的出口企业，在目前国内积极推进产业升级，人工和原材料成本不断上涨的环境下，这些具有成熟生产经验和优质消费者资源的企业可以将生产基地逐渐转移到其他新兴发展中国家，不仅可以利用当地的劳动力和自然资源延续企业的生产经营，实现我国产业的国际转换，还可以为国内产业升级腾出空间，使国内集中力量发展新兴工业。我国企业常用的策略方式主要有以下两种。

1. 对外投资产业联盟策略

随着国际经济一体化进程的加快，我国企业已经不能再独立发展，否则会使我国企业丧失许多机会，影响我国与国际分工的深度，最终与世界经济发展主流脱轨。我国企业以劳动密集型为主，缺乏资本和规模优势，企业实力不强，导致其难以与国际竞争者相抗衡。同时，我国境外工业性企业存在境外融资能力弱、信用等级低、投资规模小等不利的客观条件，这在一定程度上推动了企业实施战略联盟，即通过建立多种形式的企业战略伙伴关系，使企业资源得到优化配置。根据所从事经营活动的性质来划分，企业实施战略联盟主要包括以下两种方式。

（1）横向联盟

横向联盟主要指同一行业内的竞争对手之间进行的联盟，即双方从事的活动是由同一产业中的类似活动而形成的联盟方式。提高公司在价值创造活动中的地位、降低经营风险或转移知识产权，以及使企业获得规模经济是其主要目标。联盟形式主要包括生产、技术、销售等。

其主要作用包括以下几个方面。

①建立生产联盟。联盟双方可以共同采购原材料、共用零件，从而降低生产成本，优化市场资源配置。

②建立技术联盟。能有效提高产品的开发效率，降低在新技术和产品研究方面的成本。

③建立销售联盟。联盟双方能够共享销售渠道，联合宣传产品，从而降低营销成本，实现规模经济。

（2）纵向联盟

纵向联盟主要指联盟双方所从事的活动是由同一产业的互补活动而形成的联盟方式，这种联盟方式使双方能够在保持自身相对独立性的基础上获得比一般的市场交易更紧密的协调。价值链活动的互补性差异是纵向联盟的主要优势，即各方在产品生产等方面进行互补与配合。

企业在海外投资时需要注意以下几个方面。

①明确联盟的合作范围。企业的核心技术是其在联盟前的竞争优势，当合作伙伴掌握该技术时，会导致联盟解体，使企业在竞争中处于不利地位，因此企业必须保护自身的核心竞争优势。

②谨慎选择联盟对象。企业在进行联盟前必须仔细调查候选企业的诚信度和合作经验，清楚候选企业的战略意图。

③加强合作伙伴之间的文化融合。各方在进行跨国联盟时，需要在不破坏各方特有的文化传统的前提下，共同培养联盟内部为双方所接受的组织制度、战略目标、企业宗旨等企业价值观，做到求同存异。

2. 对外投资本土化策略

我国企业在发展中国家进行海外投资的主要目的是利用当地的政策优势、人力资源和自然资源等。因此，企业的生产经营活动必须与目标国的经济环境相适应，即坚持实施本地化策略。

（1）贯彻"双赢"策略

企业在进行海外投资前应对目标国进行详细的调查，调查内容包括目标国的法律法规和经济环境等。

（2）生产制造本土化

企业在目标国设立生产制造中心的优势包括以下几个方面。

①可以获得目标国相关优惠政策的支持，如土地使用、融资、税收等，同时还能充分利用目标国生产要素成本低等优势。

②极大地减少了国际市场波动的影响。

③可以有效地避开关税和非关税壁垒。

④能够大幅度降低生产经营成本，如人力、运输等。

（3）企业管理人才本土化

在人才方面，目标国的人才比国内的自派人员更能熟悉当地的生产经营环境，同时也便于与当地相关部门进行交流。因此，企业应积极雇用熟悉目标国风土人情、法律、文化、经济、政治等方面的人才，这种人才本地化的策略不仅可以减少目标国人民对企业的抵触心理，有效地拓展东道国市场，还可以使企业在遵守目标国法律法规和行为规范的前提下进行生产经营活动。

（二）技术密集型企业的对外投资策略

我国的海外投资战略以技术密集型产业为主。高新技术是具有活力和潜力的经济组织形态，特点包括高回报、高成长、高附加值、高智力、高投入、高风险等，是现代知识经济时代的支柱产业。目前，我国在开拓国际市场时通常会采用并购的方式，且主要侧重于西方发达市场。

海外并购主要有以下几种模式。

1. 品牌并购模式

品牌并购模式主要指企业在开拓目标国市场时借助当地品牌的影响力的海外投资模式，即并购海外知名品牌，其主要特征包括以下几个方面。

①通过买壳上市，先收购海外当地知名品牌，借助这一品牌进行产品包装，快速地进入本地市场。

②一般并购的公司多是具有一定知名度的品牌，企业可以利用该品牌具有的影响力进行品牌宣传。

③这种模式一般适用于资金实力雄厚且信誉良好的较大企业。

2. 海外资产并购模式

海外资产并购模式指企业作为收购方购买海外企业的全部运营资产或一定数量的股份，以实现对其进行控制或参股的投资行为。采用资产并购方式进行海外投资，可以避免目标公司向我方企业转嫁原有债务及"或有债务"，但由于多以现金方式进行收购，需要投入较多运营资本。另外，在完成并购后要对目标企业进行整合，因而要求具备较强的管理能力。

3. 海外股权并购模式

海外股权并购模式指我国公司通过购买某一家海外公司（一般是上市公司）发行在外的具有表决权的股份或通过认购这家海外公司的新增注册资本，以获得一定比例的股份来对这一公司实施经营控制权的一种海外投资行为。在这种模式下，作为投资主体的我方并购企业可以是上市公司，也可以是非上市公司，但海外目标企业一般是已经在国外股票交易所进行挂牌交易的上市公司。股权并购的特点是，其过程实施起来较为复杂，但法律程序相对简单。由于买卖协议的签订方为我国的收购企业和海外目标公司的不同股东，因此该投资模式的交易过程比较分散。但是采用股权并购模式进行海外投资，我方企业可以达到扩大生产规模和市场份额的目的，进而实现规模经济效益，同时又可以节约交易成本。

三、我国企业海外经营的影响因素

（一）交易变量

交易变量包括跨国公司技术的价值、技术的隐性成分两个方面的因素。所谓技术，国际商会给出的定义是"关于产品制造的方法和技术实施的全部知识和经验，它不仅包含秘密的公式和方法，而且包含与已经申请专利的制造方法有关的知识，还可能包括企业通过研究掌握竞争对手而获得的工艺方法、特长和专门技术"。跨国公司特有的技术价值越大，公司就越可能拥有比竞争对手更高的技术和管理水平，公司的比较优势就越明显，跨国公司就越倾向选择控制程度高的进入模式。而技术的隐性，是指公司的许多知识，如公司的管理经验、非正式的公司文化等，是很难像有形产品一样做简单转移的，这些隐性的不可言传的知识，即使是获得许可证经营的企业也很难仿效。技术的隐性成分越高，跨国公司就越倾向于控制程度高的进入模式，以保证这些技术在东道国的恰当应用。

（二）全球战略变量

1.战略变量的主要因素

战略变量主要包括三个方面的因素，即全球战略动机、全球协作互助、全球竞争集中化。

①全球战略动机。全球战略动机主要是指跨国公司进入国外市场时，不仅要考虑全球总效率的最大化，还要考虑对单个市场最有效的进入模式。在这种情况下，控制程度高的市场进入模式是其最佳选择。

②全球协同互助。全球协同互助主要指跨国公司的资源是各国市场共享的。

③全球竞争集中化。生产与市场集中化的主要原因是经济全球化，在这样的环境中，许多大型跨国公司成为全球产业的竞争者。一般情况下，跨国公司的经营活动会对其他国家市场产生一定的影响。因此，跨国公司必须对国外经营活动采取高度控制。

从英国学者约翰·邓宁的投资发展水平理论（IDP 理论）看，目前中国的投资发展轨迹已经结束了 IDP 的第二阶段，刚刚开始进入第三阶段，即在已初具规模的对外投资基础上，伴随着经济实力的增强，将进入对外直接投资流量增加的新阶段。从价值链理论和行业关键要素理论看，企业都只能在价值链的某些环节拥有优势，不可能在所有环节拥有绝对优势。而每个行业又有各自成功的关键要素，因此，许多跨国公司把具有比较优势的环节进一步发展为企业的核心，而把其他环节交由公司外部来做。这样，我国企业就可以融入跨国公司的全球价值链当中，以获取专业化分工带来的益处。从小规模生产技术理论以及技术地方化理论看，发展中国家可以通过缝隙发展战略思想占领发达国家大型跨国公司无暇顾及的市场。

2. 影响中国企业海外建厂的因素

影响中国企业海外建厂的主要因素包括以下几个方面。

①市场潜力巨大，且已经有很大的空间。

②有经济辐射的地区，辐射整个东南亚。除东南亚外，对于南美和非洲这样的比较远的目标市场，国内家电企业还采取当地收购或投资的模式。比如，海信集团收购了韩国大宇集团在南非的厂房，春兰在阿根廷建立空调工厂，澳柯玛在越南、埃及、巴西建立冷柜厂。

③是否具有良好的企业管理团队与人才。企业在开拓国外市场时往往面临许多市场认识和管理上的问题，引起这一系列问题的主要原因是民族、文化的不同，因此需要企业具有能力突出的管理层。

④企业的经济实力规模。

⑤存在非市场的风险因素。尤其是社会治安比较复杂的国家，还有那些一直有排外情绪激进分子的国家。因此企业要考虑其国家的社会是不是稳定，还要考虑的就是本企业对环境的破坏程度和该国对环境的重视程度。这都是一些比较客观的地方，管理者很难改变，遇到比较严重的情况，企业根本就不能在当地建厂。

第八章　新时期市场营销战略规划的创新与应用

经济全球化的发展，影响了市场营销环境和市场营销活动的各个方面。全球兴起了营销创新的新时代营销策略，市场营销策略的发展要适应国际市场的变化。传统的营销理念已经适应不了时代的发展，创新营销的战略成为企业营销的必然选择。本章分为传统金融市场的战略规划、互联网金融市场的营销战略规划、中国物流国际化市场的营销战略规划，以及基于营销的企业核心竞争力战略构造四部分。本章主要是对新时期市场营销战略规划的创新与应用的分析。

第一节　传统金融市场的战略规划

一、金融企业与金融产品

（一）金融企业及其特性

金融企业，是指经营金融商品的企业。金融企业主要包括银行业、保险业、信托业，以及证券业、租赁业和典当业等行业。金融企业具有以下特点。

第一，指标性。这一特性是指从金融的指标数据，可以获得整体国民经济情况和个体国民经济状况，可以说，金融业是国民经济发展中的一项重要内容。

第二，垄断性。这一特性是指金融业行业，是政府严格控制着的，只有经过中央银行审批，个人或单位才可以开设金融机构，也就是说金融业务具有相对垄断性。

第三，高风险性。这一特性是指金融业这一行业，不仅是巨额资金的集散中心，还涉及国民经济各部门，因此，从事金融业的单位或个人一旦发生失误，就有可能产生"牵一发而动全身"的重大影响。

第四，效益依赖性。这一特性是指国民经济总体效益直接影响着金融效益，因此，金融行业受政策影响很大。

第五，高负债经营性。这一特性是相对于一般工商企业而言的，金融行业自有资金比率较低。

在国民经济中，金融业始终处于一个至关重要的关口位置，不仅直接影响着经济发展和社会稳定，还对资金的优化配置有着非常重要的调节、反映、监督作用。金融业自身独具的地位与特点，决定了其发展备受各个国家的重视。在过去，我国金融业的发展十分缓慢，一直处于缺乏规范的状态，随着我国金融业改革进程的加深，金融业正在以前所未有的速度不断向前发展。可以说，金融业的成长，随着经济的稳步增长，随着经济、金融体制改革的不断深入，其发展前景必然是非常美好的。

（二）金融产品及其类别

由于金融企业或金融机构创造出来的金融产品，其主要功能是创造各科金融工具，以供金融市场交易或是资金需求者与投资者选择。关于金融服务，其是一种向金融企业或金融机构传递价值的载体，金融企业或金融机构通过提供金融产品，来满足消费者的需求，可以说，金融营销的核心要素就是金融产品。以代表的权利义务关系为划分金融产品的依据，金融产品可划分为以下两大类。

第一，基本产品。这一产品是指原生金融工具与服务。

第二，衍生产品。这一产品与基本产品是相对而言的，首先，它是建立在包括了货币、债券、股票在内的基本产品的基础之上的金融产品。其次，它是一种带有杠杆性的信用交易特征的金融产品。

依据业务范围，金融产品可划分为资本性金融产品、银行性金融产品、保险性金融产品、国际性金融产品、货币性金融产品和衍生性金融产品。

二、金融营销及其特点

金融营销就是把市场营销理论移植到金融活动中，是市场营销原理和方法在金融领域中的应用，是金融企业采用整体营销策略，赢得消费者满意，重视社会责任，并获得合理利润，以消费者为导向的经营哲学和管理活动，具体来说就是通过研究确定消费者的金融需要，规划新的服务或调整原有服务，来满足不同消费者的需求。其整个过程包括金融营销观念和意识的树立、环境的分析、市场的调查与预测、目标市场的定位、营销战略的确定、营销策略的组合、营销服务的完善、营销创新的开发、营销过程的组织与控制、营销文化的形成等。

金融营销概念第一次提出是在 1958 年全美银行联合会议上。金融营销作为一种服务营销，它与一般工商企业的市场营销相比还是有所区别的，这种营销活动的标的、主客体、目的要求及实现方式都有自身的特点，具体表现在以下几个方面。

（一）金融营销的安全性

关于金融机构的营销对象，主要指包括了货币资金在内的金融产品及各种金融服务。一方面，金融机构对集中起来的资金不具备拥有权，只具备使用权，这决定了这些资金到期必须足额偿还。另一方面，就金融机构的投放资金来说，相关借款人也是只具备使用权的，借款人要按时足额归还和支付利息。金融机构营销活动的这些信用特征决定了金融机构相较于一般企业的经营活动有着更大的风险。这些风险主要包括以下几个方面。

第一，违约风险。违约风险是指借款人到期不愿归还，甚至是不能归还相关款项。

第二，价格风险。价格风险是指由市场利率变动而导致的金融营销风险。

第三，外汇风险。外汇风险是指由汇率变化而导致的金融营销风险。

第四，政治风险。政治风险是指由国家政策改变而导致的金融营销风险。

（二）消费者地位的特殊性

接受金融产品服务的消费者，他们不同于一般的企业消费者的特别之处，主要表现在以下两个方面。

第一，金融服务的接受者要求地位平等。这主要表现在金融机构在提供服务时，要平等对待每一位消费者，不因消费者的不同而异。

第二，消费者所需服务的"不一致性"。每一位消费者既有不同的效用函数需求，又有不同的风险偏好，这意味着他们对金融产品的需求也是各异的。

（三）金融业务的非差异性

金融业务大多为无形产品，并且同属一类金融机构，其所提供的金融产品有着非常多的共同之处。由于缺乏有效的法律保护，这导致金融产品和服务的创新，其所具有的独占性是非常有限的，各个金融机构之间因为可以进行相互模仿，而使竞争周期得以极大的缩短。

（四）金融产品与服务的不可分割性

一般企业的产品，其生产与销售是可以在时间与地点上分离的，但是，金融机构却不能如此。就银行产品来说，因其更多的是一种综合性服务，所以，金融机构所提供给消费者的金融产品，包括了产品相关服务，其往往是在同一时间、地点完成的。因此，消费者错失了金融机构在特定时间与场合下提供的服务，以后就可能不再需要这种服务。这决定了金融机构必须要重视金融产品的这一时空限制特性，并严格按照这一特性的发展规律来为消费者提供利用相应金融产品的便利。

（五）金融业务受宏观环境的制约较大

一般企业的营销活动，相较于金融机构的营销活动，在宏观环境中所受到的限制，在避免不违法，不开展不正当竞争的前提下是相对宽松的。国家会对金融机构进行严格的限制，原因是金融机构具有特殊地位，以及它所能带给经济巨大影响，因此，金融机构的营销活动不仅会受到货币信贷政策的制约，还会受到金融规章制度等方面的制约，不管是新业务的许可，还是产品价格的制定等，都必须要经过严格的审批程序。

三、金融营销策略

（一）金融品牌建设营销策略

关于金融业的品牌核心价值，无一不是经过审慎经营和大胆创新而铸造出来的，这一价值的发挥只有通过有效的传播模式，才能使公众充分意识到和感受到金融企业具有的创造价值的实力，进而吸引更多的消费者。因此，金融业越是面对不确定的背景越要不断进行品牌价值的建设和推广。金融品牌要不断对品牌传播的方式进行创新，只依靠单一的广告形式来构建品牌，是不足以支持金融企业来创造一个良好的品牌的，更别说是形成传播合力了。在当代，金融企业品牌的构建一方面，要充分利用好媒介工具，包括广告、新闻、活动，以及论坛、演说、刊物等；另一方面，还要积极与网络财经新媒体展开合作，并以此来实现品牌的传播途径和范围的扩展，实现品牌传播速度的加快，增强金融品牌整合传播效力。

（二）金融行业营销理念策略

第一，金融营销。金融营销要想实现质的飞跃，必须要将营销中的以业务拓展为核心转移到以消费者服务为中心。所提供的产品与服务要建立在消费者的个性化需求之上，切实从消费者的视角出发而展开设计，以个性化的产品和服务组合来满足不同消费者的不同需求。

第二，差异性与消费者的认知。这一方面的内容是金融营销竞争力发展的主导方向，若是金融产品缺乏差异化，千篇一律，那么就无法使消费者对品牌产生深度的认同，而且物理距离并不是阻碍金融机构和消费者之间距离的主导因素，真正起决定性作用的因素是心理距离。因此，金融营销一方面，必须要引导出差异化服务；另一方面，要将消费者的认知来作为金融营销的主导方向。

第三，要立足内部营销。金融机构作为一种服务型企业，金融机构的一线员工在与消费者进行沟通和交流的过程中，他们所有的服务内容包括形象、态度、素质等细节都影响着消费者对金融产品和服务的感受与认知，一个好的服务必定是建立在先进服务理念的理解与执行的基础之上的，因此，要想做好外部营销，首先就要做好内部营销，重视展开以内部员工为中心的关于营销理念思路、方法的一系列辅导与培训。

第四，通过社会及公益活动来对品牌营销进行强化。当企业发展到一定阶段，就要考虑回报社会，而通过投资教育与公益活动方式来强化品牌，树立起的社会形象，将会加深消费者对企业的认知感和认同感，进而推动金融机构整个营销活动的展开。

（三）金融行业消费者关系营销策略

1. 消费者关系营销策略

企业的生存与进步离不开消费者。消费者是市场竞争的主要对象，要想获得消费者对产品、企业的信任，金融机构必须要向消费者提供能够使他们满意的产品和服务，只有这样才能促使消费者成为企业的忠诚消费者。关于消费者忠诚度的树立，主要可以采取以下几个方法。

第一，树立以消费者为中心的观念，最大限度地关注消费者的要求和建议，不断完善产品服务体系，从而使消费者满意。

第二，了解消费者的真正需要，使消费者在营销过程中可以由消费者满意到消费者愉快，还要定期调查用户的满意水平。

第三，通过构建消费者关系的管理体系，金融机构中各个部门可以共享消费者资料，加强与企业和消费者之间的联系，进而实现长期挽留消费者。

2. 员工关系营销策略

在企业中，关系营销是建立在内部营销的基础之上的，内部营销的主要目标是调动员工开发执行关系营销策略的积极性。若是企业难以满足雇员的需求，那么员工有极大可能会转向其他工作，导致企业由于缺乏良好的员工关系而无法与消费者建立长期关系，甚至难以维持工作的持续进行。因此，任何企业都不能忽视内部员工良好关系的建立，而只有充分满足员工的不同需求，培养员工良好的工作信念，才能营造企业内部的良好气氛，进而促进企业的外部发展。

3. 供销商关系营销策略

大部分企业最为常见的营销模式是供销商—企业、分销商—消费者。尽管表面上看来企业与供应商和分销商之间，是一种竞争关系，这种关系还有可能会导致企业收益下降，但实际上，企业与供应商、中间分销商除了竞争关系以外，还有着共同的利益，一个真正聪明的市场营销者，不是推开供应商、分销商，而是与他们建立起一种长期相互信任的互惠关系。一个效果良好的交易并不建立在大量的磋商之上，而是形成一种惯例，并且这种惯例将会使各个部门都能受益。

4. 竞争者关系营销策略

在过去的营销理念中，普遍认为企业间的竞争是一场"不是你死，就是我活"的特殊战役。企业常常采取极端的方式来打败竞争对手，但其结果往往是两败俱伤。实际上，在市场竞争越发激烈的现在，企业之间除了竞争以外，也存在着合作的需要，通过以合作来代替竞争的"强强联合"的方式，来综合优势资源，使双方可以获得更大的利益。企业只有避免恶性竞争，才能提高自身的综合实力。关于企业的这种与竞争者进行合作的关系，可以被称为战略合作。一方面，这种合作可以使企业自身的资源优势，得到最大限度的显现；另一方面，使企业可以依靠对手资源，来获得更多的竞争优势和利益。

5. 影响者关系营销策略

随着经济的发展，社会关系结构也发生了翻天覆地的变化，开始由以行业为主的竞争方式逐渐转变为全方位的竞争。这意味着企业要想生存和发展，一方面，除了要有好的产品之外，还必须要迎合市场需求；另一方面，企业还要获取政府和社会各个阶层的信任与欣赏，在社会塑造出一个良好的形象。对于在消费者竞争方面相当激烈的商业银行而言，一个专业、受到社会广泛信任形象的树立，显得尤为重要，这有助于企业竞争优势的保持。

第二节　互联网金融市场的营销战略规划

一、互联网金融营销的内涵

快速发展的信息技术也为营销在互联网领域打开了渠道，互联网营销也称为网络营销，指以国际互联网络为基础，一方面，利用数字化的信息，另一方面，以网络媒体的交互性为辅助手段，来实现营销目标的一种新型的市场营销方式。

互联网营销广义上指以互联网为主要手段而展开的一种营销活动。我们还可以将其表述为网上营销、网络行销等。狭义的互联网营销，是指组织或个人依据开放便捷的互联网络，围绕着产品、服务而展开的经营活动，其目的是满足组织需求或者个人需求。

作为一种新型的商业营销模式，互联网营销是以互联网为手段，进行产品宣传和销售的商业活动。随着互联网的发展，联网成本的愈发低廉，使互联网的跨时空的联结功能充分发挥了出来，极大地方便了企业、团体、组织以及个人之间的信息交换。市场营销本质上来讲是组织和个人之间展开的一种信息传播和交换。交易若是离开了信息交换，那么也就成了无本之源。互联网为满足营销的要求，造就了互联网营销所具有的显著特点，即时域性、交互式、整合性、高效性、个性化。

在互联网时代的金融组织营销系统中，网络营销早已成为其中不可或缺的重要组成部分，结合网络营销、金融营销，以及电子商务的相关定义，互联网金融营销可描述为以非直接物理接触的电子方式，来创造网上经营环境，并在这一环境之中，为消费者带来所需的各种金融产品，而获取利益的营销管理过程。此外，从概念逻辑的角度看，完整的互联网金融营销，其含义包括两个营销层面的金融产品与服务：一是网络营销，主要包括传统金融产品与服务；二是市场营销，主要包括互联网金融产品与服务。其中，市场营销还可以分为两个方面，即线上营销和线下营销。

二、互联网金融营销的作用

互联网金融营销的起步与发展乃至普及渗透，是现代金融市场发展的必然要求，也是信息技术飞速发展的必然结果，是符合市场的利益和要求的。从长期效益来看，互联网金融营销带来的机遇要远远大于挑战，对我国金融业的发展具有重要意义。作为金融领域的一个新形式，互联网金融营销正处于初级阶段，其规模在未来还会继续扩大。互联网金融营销在市场中的作用主要体现在以下几方面。

第一，信息搜索。商业机构工作人员可以通过互联网来获取信息，并获得商机，同时，还可以通过价格比较来分析对手的竞争态势。

第二，信息发布。网络营销可以将企业提供的产品和服务扩散到世界上的任何地点。在扩大了信息覆盖面的同时，还形成了地毯式的信息发布链，一方面，可以创造信息的轰动效应；另一方面，还可以发布隐含信息。

第三，开拓销售渠道。通过网络营销可以有效避免传统营销方式下的不利影响因素，包括经济壁垒、地区封锁，以及语言障碍、信息封闭等，有助于打通封闭的渠道，开拓路线，进而不断开拓新的市场。

第四，扩展和延伸品牌价值。网络具有多方面、多层次的价值和作用：一是重塑品牌形象；二是提升品牌的核心竞争力；三是打造品牌资产；四是其他媒体所无法取代的一些效果和作用。

第五，消费者关系管理。互联网营销的消费者关系，可以使消费者资源管理、销售管理，以及市场管理、服务管理融合到一处，有助于企业核心竞争能力的提升，为企业决策提供必要的参考。

第六，实现经济效益增值。网络营销可以有效提高营销者的获利能力，进而增强营销主体的效益。

三、互联网金融模式

互联网金融是互联网精神与传统金融行业相结合的新兴领域。从广义上讲，凡是具备互联网精神的金融业态、所有涉及金融的互联网应用，都可以被称为互联网金融。以下叙述的是六大互联网金融模式。

（一）众筹

众筹即大众筹资，是资金需求者通过网络平台向网友募集项目资金的模式。众筹模式的出现扩展了融资渠道，使得资金来源不再局限于传统的投资机构，也可以通过众筹的方式来筹集资金，以完成创作和项目，支持者利用消费剩余进行投资，从而创造更多的财富。众筹在中国尚处于兴起阶段。

（二）互联网货币

互联网货币，又称为虚拟货币或电子货币，是由计算机运算产生，采用一系列经过加密的数字，在全球网络上传输的，可以脱离银行实体而存在的数字化交易媒介物。互联网货币与我们现实中使用的货币全然不同。在"互联网社会形态"里，人们根据自己的需求成立或者参与社区，同一社区成员往往基于同种需求形成共同的信用价值观，互联网货币就是在此基础上形成的"新型货币形态"。

（三）大数据金融

大数据金融以云计算为基础，集合海量非结构化数据，通过对其进行实时分析，为互联网金融机构提供消费者的全方位信息，通过分析和挖掘消费者的交易和消费信息，掌握消费者的消费习惯，并准确预测消费者行为，使金融机构和金融服务平台在营销和风控方面有的放矢。大数据金融模式广泛应用于电商平台。

（四）第三方支付

第三方支付是指拥有一定实力且具备信誉保障的非银行机构，借助通信、计算机和信息安全技术，通过与各大银行签约的方式，在用户与银行支付结算系统间建立连接的电子支付模式。第三方支付模式起步较早，目前第三方支付行业呈现出蓬勃发展态势。

（五）P2P 网络借贷

P2P 网络借贷，即点对点信贷，是指通过第三方网络平台进行资金借贷双方的匹配，资金需求者通过网络平台寻找有出借能力并且愿意基于一定条件出借的人群，帮助贷款人通过和其他贷款人一起分担一笔借款额度来分散风险，也帮助借款人在充分比较的信息中选择有吸引力的利率条件。P2P 网络借贷为小额资金拥有者开拓了个人投资的新方式，它以个人信用评价为基础进行贷款，满足了不同层次的投资理财需求，还有助于促进社会个人信用体系建设，在其普及率高的情况下，P2P 网络借贷平台的发展空间将会很大。

（六）互联网金融门户

互联网金融门户是指专门为金融机构发布贷款、理财或保险产品信息，进行金融产品销售以及为金融产品销售提供第三方服务的平台，其核心是"搜索＋比价"，采用金融产品垂直比价的方式，将各家金融机构的产品放在平台上，用户通过对比挑选合适的金融产品。这种模式最大的价值就在于渠道价值，当这些互联网金融渠道发展到一定阶段，拥有一定的品牌并积累了相当大的流量时，就成为各大金融机构、小贷、信托、基金的重要渠道。互联网金融渠道掌握互联网金融时代的互联网入口，成为引领金融产品销售的风向标。

四、互联网金融风险分析

(一)互联网金融风险的产生及其来源

关于互联网金融活动的表现,可叙述为货币和数字化信息二者在网络间的传达与调拨。这一活动在交易双方方面互不明确;在交易过程方面,透明度低。互联网金融活动具有的高科技和虚拟性的两方面特性,对金融风险具有放大效应。此外,互联网金融蕴含着的风险无疑是复杂的,并且主要表现在以下两个方面。

第一,常规金融风险。就互联网金融的本质而言,有着明显的金融属性,与传统金融一样,面临着众多常规金融风险问题,诸如信用市场、流动性、操作性,以及声誉等。

第二,隐性风险。由于互联网金融发展是以互联网为载体的,这就导致互联网金融会受到互联网原本就带有的虚拟性、技术性以及创新性的影响,给互联网金融的操作管理系统带来隐性风险问题。

随着互联网金融的发展,相关风险案件频繁发生,互联网金融风险产生的主要来源有以下几个方面。

首先,对信息技术装备的依赖。互联网金融活动的展开都是建立在信息技术的软硬件装备的基础之上的,若是技术出现问题,将会造成难以控制的风险。

其次,互联网的"虚拟性"特点。互联网金融包括交易、支付、结算在内的所有业务活动,都是在虚拟的电子信息中进行的,由于交易者身份认证难以确认等问题的存在,将会造成信用风险的发生。

最后,金融的跨界经营。近年来,我们可以从金融领域的"触电",电商领域的"淘金"的发展上看出,金融的跨界经营是势之所趋,但是,这一趋势加剧了金融风险的不确定性。互联网金融行业缺乏有效的法律监管与制度的约束,将会使互联网金融行业积累下大量隐性风险。

(二)互联网金融风险的种类

互联网金融是互联网技术与金融进行全方面结合的产物,它一方面,面临着来自传统金融活动的风险,包括信用风险、流动性风险,以及市场风险;另一方面,还面临着由互联网信息技术问题引起的技术风险、由虚拟金融服务问题引起的业务风险,以及由法律法规滞后问题引起的法律风险。

1. 系统性的安全风险

依托于计算机网络而展开的互联网金融活动,其相应的风险控制主要由两部分完成，即电脑程序和软件系统。因此，计算机网络技术的安全与否直接影响着互联网金融是否可以有序地进行，可以说，计算机网络技术，是互联网金融面临着的最重要的技术风险。互联网金融会受到传输故障、黑客攻击，以及计算机病毒等因素的影响而发生故障，甚至是瘫痪，其所能带来的风险无疑是巨大的。关于引起互联网系统性安全风险的主要原因，主要有以下几个方面。

一是，病毒容易扩散。

二是，密钥管理及加密技术不完善。

三是，TCP/IP 协议族，没有深入考虑安全性问题。

2. 技术选择风险

关于互联网金融技术解决方案，可以说是开展互联网金融业务的基础，一旦发生技术解决方案存在设计缺陷，或者是发生操作失误，其将会带来的互联网金融的技术选择风险是巨大的。关于技术选择风险的产生原因，可归结为以下两个方面。

首先，是技术落后问题。

其次，是信息传输低效问题。

3. 法律风险

关于互联网金融的法律风险，主要包括以下两个方面。

第一，互联网金融业务，出现违反相关法律法规，或者是出现互联网交易中的交易主体没有遵守有关权利、义务的相关规定。这类风险相较于传统金融业务风险，并没有本质上的区别。

第二，互联网金融立法不仅落后，还相对模糊。现行法律法规都是依据传统金融业务而制定的，其中的相关条例与我国的互联网金融发展并不相适应，由于我国的互联网金融还处于起步阶段，因此，还较为缺乏与之相对应的法律法规。

第三节　中国物流国际化市场的营销战略规划

一、中国物流企业国际化发展面临的主要问题

（一）中国传统商业体制受到严重的冲击

随着世界经济的发展，全球经济一体化趋势越加明显，中国物流企业有了

更多的可以参与到国际分工中的机会,同时,随着国际的贸易往来愈发频繁,各个国家之间的关系也就变得愈发密切。

在国际物流贸易过程中,必定会涉及诸多方面的原则,包括非歧视原则、市场经济原则,以及透明开放原则等,这些原则对我国的诸多方面提出了挑战,受到影响的领域除了有传统外贸、内贸,还有供销流通体制等。传统体制下的公司、利益集团,要想在严峻的挑战中发展,必须要采取一定的优化策略。

(二)中国企业法律制度方面受到极大的冲击

国际贸易的基本规则对中国目前的企业法律制度而言,是一个严峻的挑战。法律的国际化,将会把物流企业置于一个公平竞争环境中,在这种环境中,依靠传统体制的公司和利益集团要想实现健康持续发展,必须要参与到新的竞争之中。

(三)中国物流企业国际化面临国内市场的严重冲击

我国的物流企业正面临着拥有先进技术与雄厚资本的来自国外企业及跨国公司的入侵,通过对这些登陆中国参与竞争的跨国公司和大集团进行分析,可以得知,他们除了具备技术和资金的优势以外,还在人才、管理、资源配置等方面,有着明显的优势,这些优势为他们带来了强有力的市场竞争力,对我国国内同行业的相关企业带来了极大的威胁。因此,中国物流企业要想在国际竞争中占有一席之地,必须要不断推进自身的发展。

(四)中国物流企业面临信息技术及信息制度的挑战

准确、及时、系统的公开信息,对于众多物流企业来说,是其立命所在。物流企业的运行除了不能基于虚假数据和滞后的信息而存在,还不能建立在只有较低准确性的财务预报之上。信息技术中明显带有的一个不足之处就是网络信息中掺杂着许多虚假信息,这些虚假信息缺乏有效的控制和管理。在中国物流企业不断国际化的进程之中,一方面,十分依赖信息技术及信息制度提供的保障;另一方面,中国物流企业的国际化迫切需要先进的信息技术和相对完善的信息制度,来为其带来执行的依据,这在给信息技术水平的提升带来挑战的同时,也对信息制度的发展提出了严峻的挑战。

二、中国物流企业国际化战略模式及发展的对策

（一）中国物流企业国际化战略模式

经济全球化的发展，对我国物流企业的持续发展有着十分重大的影响，物流公司实现自身扩张和发展的主要手段，就是并购，同时，这一手段也是我国企业迈向国际化发展的一条重要途径。

1. 整合并购

物流领域企业之间的整合并购，其一，有助于共享资源；其二，有助于减少企业各个方面花费的时间，包括技术开发、市场开拓，以及人才培养的时间等。

整合并购可以使传统企业物流配送网络具有的优势充分发挥出来，可以使企业在市场竞争中以较短的时间来达成占据优势地位的目的，同时，并购还有助于增强市场的集中度，在市场之中形成一种潜在垄断为量，这种力量将会为中国物流企业在国际市场的竞争中，打下坚实的基础。

2. 直接投资

关于直接投资，是指以国内市场为前提，选取一个海外市场展开相关投资活动。正是由于这一原因，才导致在这一模式下的网络、市场、社会关系等诸多方面的内容，都需要进行重新构建，市场规模以相对缓慢的速度扩张开来。

3. 合作合资

合作合资是指以合作的方式，展开两个方面的活动。一是，充分利用本土化优势，所谓本土化优势主要指基础设施资源、人力资源，以及本土网络资源等资源；二是，合作合资可以使广大物流企业有效地规避特定国家的相关法律障碍，有助于在与消费者建立良好关系的同时，在网络关系等诸多方面建立起一个良好格局。本土企业与跨国企业的合资，可以使本土企业得到有助于自身发展的先进技术、管理理念，不管是国外物流企业，还是我国企业，双方都可以在国内外的市场竞争中"强强结合"，最终达到双赢。

4. 战略联盟

战略联盟可以使市场进入的目标，在没有展开较大资本投资之前就能够实现。一方面，战略联盟可以使双方共享事先约定的资源，不断扩展物流服务的覆盖面积；另一方面，有助于物流企业为广大消费者提供一体化的物流服务，进而在不断提高自身的竞争能力的同时，使市场份额得到显著提升。

对于物流企业来说，要想获得具有竞争力的统治地位，与整个供应链系统息息相关。在物流企业走向国际化的进程中，除了要实现物流企业的走出去之外，其他产业也要积极走出去。物流企业作为服务商，要紧紧跟随供应链上的其他企业，为他们提供物流服务，这样一来，既能最大限度地降低物流企业自身具备的风险和不确定性，还有助于拓展国际市场。

纵观以上所述的各种类型的国际化模式，企业可以根据自身具体条件，来制定出一条较为科学合理的国际模式。

（二）中国物流企业国际化发展的对策

1. 充分利用市场营销策略

在推动中国物流企业，逐渐向国际化方向发展的进程中，在市场营销策略方面可采用的手段主要有以下三个方面。

第一，充分利用促销策略。

第二，充分利用产品策略。

第三，充分利用品牌策略。

对于物流企业来说，首要的任务就是要最大限度地避免关键消费者的丢失，以恰当的策略来加强和关键消费者的合作，并建立消费者的品牌忠诚度。

2. 培养高素质的复合型人才

物流企业、教育机构，以及其他相关部门一方面，要重视物流人才的培养；另一方面要重视高素质的复合型人才的培养。而人才的培养首要的就是物流企业要努力适应市场变化，培养一批可以做到持续学习新知识的创新型人才。

3. 为企业发展营造良好的环境

第一，在使专业物流服务企业得到发展的同时，还要重视加强培育工作。

第二，物流企业要致力于物流通关程序的简化，提高物流通关效率。

第三，物流企业要积极发展运输服务方式，达成充分满足物流运作要求的目的。

第四，物流企业要致力于我国的物流服务水平的提高，创造一个外商及外资进入的良好的投资环境。

第五，物流企业要积极鼓励生产，促使物流企业加强对业务流程的改造，同时，致力于将外包非核心业务分离。

第六，科学合理地运用信息化推动物流向前发展，一方面，以信息资源整合为切入点；另一方面，有效地整合好各种物流资源，并且通过信息化来努力实现我国物流的国际化。

4. 切实加强物流基础设施建设

在物流企业推进国际化的进程中，基础设施是一项不容忽视的重要前提，因此，物流企业一定要重视在物流基础设施方面上的建设和优化整合，最大限度地完善物流基础设施建设。

5. 通过信息化建设推动物流企业国际化进程

信息化已发展成现代物流企业的一个非常重要的特征。而国际物流信息化是指整个物流过程及各个环节，随着信息技术的发展，相关技术手段的日益成熟，在促使企业内外部的信息资源集成化管理得以顺利实现的同时，还使得企业内外的优化管理可以顺利实现。完善的信息管理系统将会发挥出强有力的信息优势，这样一来，有助于促进物流运行效率的提高，提高物流质量，在促进企业核心竞争力增强的同时，提升企业的经济效益，进而，推动整个物流业朝着国际化的方向而更好地发展。关于信息化将会带给我国物流业带来促进作用，主要表现在以下三个方面。

第一，信息化可以提升我国国际物流业的整体运行水平。

第二，切实推进物流信息系统设计以及开发。

第三，积极将信息化先进的管理技术充分融合。

6. 运用优质的服务推动物流企业实现国际化

在实现物流企业国际化的进程中，优质的服务是这一物流发展目标得以实现的一项重要手段，关于运用优质的服务主要包括以下三个方面的内容。

第一，服务效率领先策略。

第二，消费者服务领先策略。

第三，服务创新领先策略。

以消费者为中心的市场竞争，这一竞争导向对于物流企业来说是非常有帮助的，一方面，有助于消费者忠诚度的建立；另一方面，有助于中国物流企业目标营销的发展，有助于推动物流企业的专业化分工。

第四节　基于营销的企业核心竞争力战略构造

一、现代企业的核心竞争力概述

（一）现代企业核心竞争力的基本内容

1. 核心竞争力对现代企业的意义

对于企业的生存发展而言，核心竞争力有着重要的意义。企业具备的所有的竞争优势资源，并不都是企业的核心能力。所谓的核心竞争力，是指针对自身企业具备的优势和资源，通过有效的方式组织起来，可以实现比竞争对手更加充分的发挥，并且对企业的成功起到了一种关键性作用的能力。区别核心竞争力与一般的竞争力的关键之处就在于，核心竞争力在影响企业的全局发展的同时，还对企业的生存和发展起着决定性的作用。核心竞争力的特征决定了它在企业的生存与发展中具有重要的地位。

2. 现代企业核心竞争力的特征

关于企业核心竞争力的特征，主要有以下几个方面。

第一，价值性。这一特征是指核心竞争力具有战略价值，并且这一价值不仅可以为企业带来长期的、关键性利益，还可以使企业长期保持竞争优势。

第二，独特性。这一特征是指企业在长期发展的过程中，形成的一种自己特有的气质或风格，并且这种风格是一种不同于单一技能的因素，这种特征可以保障企业不易被竞争对手模仿。

第三，延展性。这一特征是指应变能力，这种能力是指企业为适应市场变化，随着市场变化而不断变化的一种能力，它一方面，可以为企业创造一个能够进入多方位、多层次产品市场的潜在途径；另一方面，在支持企业开拓新市场的同时，还支持企业开拓新的业务领域。

第四，壁垒性。这一特征指进入的壁垒。关于企业核心竞争力，简单来讲，是企业的一种综合能力。这种能力保证了其他企业难以实现整体上的模仿，这样一来，就形成了进入壁垒，对企业的核心竞争力有着间接的保护作用。

第五，替代性。这一特征是由企业核心竞争力具有的独特性所决定的。企业核心竞争力的独特性决定了企业的任何一项资产都无法取代其在企业中的地位。

第六，长期性。这一特征是指企业核心竞争力的形成不是一蹴而就的，而是企业经历较长时间的技能和知识积累而形成的。同时，企业的核心竞争力也是一个演进的过程，需要不断地提高，才会具有持续性。

第七，融合性。这一特征是指企业核心竞争力是由企业的"集体智慧"构建而成的，是企业融合不同生产技能，融合多种技术流派的知识之后形成的一种综合能力。

（二）现代企业核心竞争力的构建与提高

1.现代企业核心竞争力的构建

企业核心竞争力，除了是企业获取连续不断竞争优势的来源，还是企业获取持续竞争优势的基础。在当今的全球经济浪潮中，中国企业要想立于不败之地，必须要提升企业的核心竞争力，而针对企业在构建核心竞争力的过程中可能会遇到的问题，可以从以下几个关键方面着手。

第一，核心竞争力的巩固。

第二，核心竞争力的开发。

第三，核心竞争力的持续创新。

2.现代企业核心竞争力的提高

关于企业核心竞争力的管理，首要的任务就是企业核心竞争力的识别和培育。企业只有对自身的核心竞争力有一个清楚的认识，才可以实现对它的进一步培育，并且使企业能够始终保持这一竞争优势。同时，核心竞争力的深化和更新，是企业能够得到持续发展的一种保障。这里所指的核心竞争力的深化与更新，并不是指技术和知识的更新换代，其真正指的是对企业各方面因素在进行有机融合的基础之上的综合结果。对于企业的任何既定竞争力的价值来说，它们都会随着时间的推移而衰竭的，因此，任何企业都要重视核心竞争力的深化和更新，只有在不断提高企业内部资源的整合能力的同时，发现机会、应用机会，才能保证企业前进的步伐永不停歇。

目前，许多企业除了面临着国内企业的竞争，还面临着和国际跨国公司进行的竞争，也因此企业的核心竞争力，愈发受到企业经理人的越来越多的重视和思考。企业文化的再造和企业理念的创新是形成企业竞争力的原动力。

二、基于核心竞争力的战略管理概述

（一）核心竞争力战略

核心竞争力战略的出现是现代企业管理中，由基于时间的战略向基于能力的战略的一种转变。基于能力的战略进一步充实了企业核心竞争力理论的内涵。事实上，已经把企业核心竞争力引申到了战略层面。在此基础上，"企业核心竞争力战略"被提出。企业核心竞争力战略的管理可以从几个层面来展开，一是企业核心竞争力的评价，二是企业价值链的改进，三是管理企业战略中的领导行为。企业核心竞争力的评价，主要着眼于企业在市场竞争中的能力、地位和水平，进而在发现问题的基础上，通过价值链改进来提高企业的核心竞争力；领导行为主要着眼于企业内部人员自身素质和能力的提高，对企业战略起关键管理作用。通过三个方面的协同作用，带动企业核心竞争力的提高。企业战略管理应该从以下三个方面入手。

第一，完善治理结构，这是企业核心竞争力的组织保障。完善我国企业的治理结构，主要应做好以下几方面的工作。

①完善董事会结构和职能。

②建立有效的激励机制。

③积极培育经理人。

④加强信息披露和透明度。

⑤加快我国会计制度与国际接轨的步伐。

第二，构建可达到精准控制的管理模式，同时，这也是企业核心竞争力的执行基础。管理模式可划分为战略规划、战略实施和战略控制三大步。但从分析、规划、实施再到控制，每一步的顺利完成无不要求精准控制。

第三，完善创新机制，这一机制还是企业核心竞争力最活跃的因素。我国企业的创新机制的形成应该坚持走自主研发和国际并购并重的道路。

（二）核心竞争力的评价

1. 对比差距法

在对企业的竞争力展开评价时，可以通过企业与企业直接比较的方式。这种方式是指通过选择同类企业中最优秀的一家企业，来展开关于企业显性特征的竞争力的比较，那么就可以通过本企业和最优秀企业的一系列显示性指标的比较来评估本企业在竞争力上存在的差距。这种研究方法主要涉及以下几个环节。

第一，选取对比指标。

第二，将本企业与最优秀企业进行各方面指标的比较。

第三，进行综合汇总，并且对本企业与最优秀企业之间存在的总体差距进行评价。

对比差距法和综合指数评价法主要有两个方面的共同之处：一是，都要进行详细的因素分析；二是，都要展开统计数值的计算。它们的不同之处主要在于，对比差距法是一对一地进行比较，可以围绕着多指标直接进行对比，可以不进行数值的加总比较，这样一来，就避免了在确定各因素的权重过程中，难免会产生的一些主观因素。

2. 多因素分析法

多因素分析法由王明夫提出，该方法认为，企业是否具有核心竞争力以及不同时期核心竞争力的大小不仅可以从定性的角度进行分析，而且可以设计一系列指标予以评价。其影响因素有以下几个方面。

第一，市场因素。

第二，管理因素。

第三，人才因素。

第四，信息因素。

第五，技术因素。

第六，企业文化。

第七，外部环境因素。

3. 模糊综合评价法

模糊综合评判法，其理论依据是企业核心竞争力的评价具有模糊性，评价核心竞争力的等级具有较大的主观性，一些因素因具有模糊性而不能简单地用一个分数来评价。鉴于这些因素，采用模糊综合评价法来对企业竞争力做一定量的评价。利用模糊综合评价法进行企业竞争力的评价，首先评价二级指标，其评价结果相对于一级指标构成一个模糊评价矩阵，与一级指标权重集相乘得到企业竞争力模糊评价的最终结果。

4. 综合指数评价法

综合指数评价法，是一种综合指标体系评价法。这一评价法的实施主要有以下步骤。

第一，确定评价项目的权数。

第二，计算各子系统之中的综合平均指标。

第三，首先，对各子系统的平均指数进行加权平均。其次，求出综合平均指数。

各企业可以根据综合平均指数的大小，来与同行业企业进行比较，最终确定本企业在行业领域之中的地位，并为企业的发展战略提供决策依据。

5. 灰色多层次评价法

人们常用颜色深浅表示信息完备的程度，将系统分为以下三类。

第一，关于信息完全明确的系统，被称为白色系统。

第二，关于信息完全不明确的系统，被称为黑色系统。

第三，关于信息部分明确部分不明确的系统，被称为灰色系统。

企业中的管理系统、生态系统等，都属于灰色系统。灰色系统具有信息不完全，也可以说是"灰色"的特征。正是因为这一系统的灰色特征，决定了通过运用这一系统来进行理论评价是非常适宜的。

（三）核心竞争力价值链改进

企业的生产经营活动从本质上看，就是一个在对物质性物体进行价值的支付、转移分割的过程。通过获得原材料，进行粗加工和精加工，制成半成品，制成产品，进行分销和零售，企业内形成了一个以价值为纽带的链条，即价值链。价值链概念在战略管理学中，是指一系列价值创造活动的集合。主要活动有供应商的原材料供应、产品或服务的生产、分销商和零售商的营销活动等。通过价值链，把组织的行为分解为一系列与战略相关的活动，可以帮助我们认识组织运营成本与现有或潜在资源的关系。并且，企业要赢得竞争优势，必须以比竞争对手更节约的方式，或者以更高的效率，完成这些战略活动。由于同一产业内的企业其价值链都是相似的，要想取得竞争优势，表现出自己企业产品线的特征、消费者、地理区域、营销方式和渠道等的不同，对其进行改进使之成为自身的核心竞争力就尤为重要。企业的价值链包括主要业务和辅助业务两部分。主要业务包括产品的生产、销售、配送、售后服务，而辅助业务为主要业务提供支持。价值链反映从原材料采购到为最终消费者服务的完整过程。价值链分析，是一种重要的工具。通过对价值链上各种活动的分析，有助于了解组织的优势和劣势、组织的核心竞争力以及组织获得竞争优势应该采取的战略。通过价值链分析，可以识别哪些因素是价值创造活动的主要因素，哪些价值创造活动对组织竞争优势的贡献最大。企业价值链分析是指从通用价值链分析开始，然后针对特定企业组织的战略及其所从事行业的特点，对价值活动进行细化解析，以便掌握有利于企业资源的整合和优化配置，形成竞争优势的依据的活动。任何一个企业或事业组织，都有属于自己的内部活动价值链。每一类产品，也都有自己的价值链。大多数组织一般都可以提供几类不同的产品或服务，因此在组织内部价值链也会有多条。仔细分析每一条价值链，有利于更好地认识企业的优势与劣势。

（四）核心竞争力的战略管理和领导行为

1. 维持有效的组织文化

组织文化包括一整套为整个公司所共享且影响其业务执行方法的意识形态、符号和核心价值观。一个公司可以通过它拥有的能力和使用这些能力，从而采取战略行动来发展核心能力。换句话说，因为组织文化影响着企业如何开展业务，并有助于管理和控制其员工的行为，所以它是竞争优势的一种来源。由此，形成公司制定和实施战略的环境（即形成组织文化）是战略领导的一项重要任务。在进行企业文化建设时，应该注意借鉴优秀企业的企业文化，注重企业文化变革；促进管理变革与文化变革互动；企业文化建设需要长期艰苦的努力。当现在的组织文化无法适应战略需要的时候，就需要对组织文化进行改变。战略领导者会认识到什么时候必须变革。在执行战略时，通常要略微地改变文化。

2. 确定战略方向

决定公司的战略方向包括发展一个公司长期的战略意图，通常这种长期远景，着眼于未来至少五年。一个带着目标的信念，即远景包括一个意识形态和一个企业所寻求的未来展望。理想的长期意图包括两部分，核心理想和可想象的将来。核心理想能够通过公司的传统来激励雇员。可想象的将来则鼓励雇员扩展他们对成就的预期，并且要求做出重大的改变。在企业的战略实施过程中，可想象的将来在许多方面形成了一种指导，如激励、领导力、雇员授权和组织设计。

3. 有效管理的资源组合

对于战略领导者而言，最关键的任务就是有效地管理企业的资源组合。企业拥有多种资源。战略领导者通过组织这些资源形成竞争力，依据这种竞争力来构建企业，并且通过发展和实施战略来平衡这些资源，取得一个竞争优势，从而对这些资源组合进行管理。特别地，战略领导者必须探索和维持企业的核心竞争力，并且发展和维持企业的人力资源。战略领导者对资源的管理主要体现在以下两个方面。

第一，探索和维护核心竞争力。

第二，发展人力资本和社会资本。

　　人力资本指的是一个公司整体劳动力的知识和技能，从人力资本这一角度出发，员工被看作一种需要投资的资本资源。人力资源管理实践实际上促进了人们成功地制定和实施其战略。人力资本在所有大型或者小型的、新成立的或者已成立的类型的组织中都是重要的。战略领导人必须拥有发展他们责任范围内的人力资本所必需的技能。

参考文献

[1] 郑屹立. 市场营销 [M]. 北京：北京理工大学出版社，2011.

[2] 闫红巍，张如泽，李娜. 市场营销 [M]. 北京：中央广播电视大学出版社，2011.

[3] 杨卫兵，李静雯，尤维芳. 市场营销 [M]. 北京：航空工业出版社，2014.

[4] 刘瑛，赵永新，靳娟. 市场营销 [M]. 西安：西安交通大学出版社，2014.

[5] 初宇平，马晓琳，刘万兆. 市场营销 [M]. 北京：中国经济出版社，2014.

[6] 柳欣. 市场营销学 [M]. 北京：中国金融出版社，2013.

[7] 李先国. 市场营销学 [M]. 上海：上海交通大学出版社，2007.

[8] 张帆，齐斐. 市场营销 [M]. 西安：西北工业大学出版社，2013.

[9] 黄海贵，张祖龙. 市场营销 [M]. 广州：华南理工大学出版社，2010.

[10] 张昊民，胡圣浩. 市场营销 [M]. 北京：高等教育出版社，2008.

[11] 楼红平. 市场营销 [M]. 上海：上海交通大学出版社，2009.

[12] 邬金涛，范绪泉. 营销管理 [M]. 武汉：武汉大学出版社，2011.

[13] 谭昆智. 营销管理 [M]. 广州：中山大学出版社，2018.

[14] 郭国庆. 营销管理 [M]. 北京：首都经济贸易大学出版社，2005.

[15] 胡玲. 营销管理与营销策划 [M]. 北京：对外经济贸易大学出版社，2017.

[16] 汪长江，顾波军. 企业营销管理 [M]. 杭州：浙江大学出版社，2007.

[17] 吴长顺. 现代企业营销管理 [M]. 广州：中山大学出版社，1998.

[18] 耿锡润. 中小企业营销管理 [M]. 沈阳：东北财经大学出版社，2002.

[19] 郭四海. 中小企业营销指南 [M]. 北京：金盾出版社，2013.

[20] 焦斌龙. 文化企业营销学概论 [M]. 太原：北岳文艺出版社，2010.

[21] 李娶. 新经济背景下企业市场营销战略新思维探讨 [J]. 中外企业家，2018（26）：123.

[22] 袁艳娟. 新经济时代企业市场营销战略新思维方向分析 [J]. 经济研究导刊，2018（25）：58-59.

[23] 俞光梅. 企业市场营销战略创新 [J]. 现代营销（下旬刊），2018（08）：56.

[24] 程海燕. 中小企业提升市场营销能力的战略 [J]. 技术与市场，2017（12）：279.

[25] 刘换菊. 企业市场营销战略管理 [J]. 中外企业家，2017（34）：14-16.

[26] 陈玉霞. 企业市场营销战略革新研究 [J]. 科技风，2017（20）：208.

[27] 王斌. 企业市场营销战略管理浅析 [J]. 现代营销（下旬刊），2017（09）：61.

[28] 李先耀. 新时期企业市场营销战略的研究 [J]. 经贸实践，2017（16）：172.